神奇的江恩转势日

刘君明　著

地震出版社
Seismological Press

图书在版编目(CIP)数据

神奇的江恩转势日/ 刘君明著. — 北京 : 地震出版社, 2018. 7

ISBN 978-7-5028-4916-0

Ⅰ. ①神…　Ⅱ. ①刘…　Ⅲ. ①股票投资－研究
Ⅳ. ①F830. 91

中国版本图书馆 CIP 数据核字(2017)第 305530 号

著作权合同登记　图字：01-2018-2991
地震版　XM3953

神奇的江恩转势日
刘君明 著
责任编辑：薛广盈　吴桂洪
责任校对：凌　樱

出版发行：地震出版社
北京市海淀区民族大学南路 9 号　　邮编：100081
发行部：68423031　68467993　　传真：88421706
门市部：68467991　　传真：68467991
总编室：68462709　68423029　　传真：68455221
证券图书事业部：68426052　68470332
http：//www. dzpress. com. cn
E-mail：zqbj68426052@ 163. com
经销：全国各地新华书店
印刷：廊坊市华北石油华星印务有限公司

版(印)次：2018 年 7 月第一版　2018 年 7 月第一次印刷
开本：787×1092　1/16
字数：213 千字
印张：12. 25
书号：ISBN 978-7-5028-4916-0/F（5619）
定价：42. 00 元

目　　录

序

平凡的名字，不平凡的志气

我并不是少年股神，也没有通天的本事，我只是一个平凡无奇的年青人，但有不平凡的志气。我给自己取了一个响亮的笔名叫“小龙”。

今年只有28岁的我，人生从没有一帆风顺过。“爱迪生尝试发明电灯时，失败了一千五百多次”。而我学习江恩理论的时间，失败的次数跟爱迪生不相伯仲。也正因我年青当我向别人推介我的江恩理论的时候，总是受到怀疑与挑战。所以在2012年，我以“小龙”的笔名在网上开设脸书(Facebook)专页开始在香港推广江恩理论，及我的“道”。

每次读吕蒙正《破窑赋》都倍加感慨，明白到“时遭不遇，只宜安贫守份”，所以在网上先后成立了“小龙股评”及“小龙江恩研究社”脸书(Facebook)专页，并利用小龙的笔名，喻意虽然我小，但是志气不小，并且如《易经·干卦》中“潜龙勿用”，如王弼所言：“不为世所易。”崔憬曰：“龙下隐地，潜德不彰，是以君子韬光待时，未成其行。故曰‘勿用’。”韬光养晦等待见龙在田。

2016年是见龙在田的一年，因多次神奇、大胆及准确的预测令我获香港大学专业进修学院及香港经济日报集团的《智富》杂志邀请演讲，并出版畅销书《小龙江恩转势日》，此书更荣获香港商务5月份经管书销量第一名。

自2012年开始大大小小公开讲座及教授课堂超过40场，教授学生超过500人。而我在杂志及网上江恩理论分析大市，并大力推广我独有的

"小龙江恩转势日"，都会提前几日、一个星期，或在一个月前预测出大市转折的日期，令人啧啧称奇，因此深受广大读者的欢迎。10年前，若说中国人要在跨栏项目中赢欧美选手，实在是想也不敢想，但刘翔告诉大家，只要敢想、敢做，更重要的是拼了"老命"去做，就能够做到。在3年前，在脸书平台上，证明了我的理论是有效的。

过去20年深圳有着翻天覆地的变化，每3年一个大变化。以往坐大巴从香港回深圳，如今已有了完善的地铁网络。确切地来说是中国过去20年有了一个翻天覆地的变化。中国的证券市场只有20多年的历史，但是过去20多年中国证券市场发展得比任何地方都快，而大陆投资者对技术分析及知识的追求，比香港或世界各地都更加热烈，但国内对江恩理论教学的书籍仍显不足。

此次荣幸得地震出版社的赏识出版此书。笔者根据多年对江恩理论的理解及对不同外汇、外国商品期货、港股及中国市场的操作经验，配合一套非常实用的软件一步步地去教授读者如何利用江恩理论分析未来的走势，当中也包括了我的独有心得，配上中国股票，上证指数，恒生指数及外汇商品等例子，期望国内读者更容易掌握江恩理论。

希望读者朋友能好好利用本书知识，如《易经》所言"日行健，君子以自强不息；地势坤，君子以厚德载物"。

小龍

写于2017年秋日

第一章

江恩理论导论

一、江恩生平

威廉·江恩

江恩理论创始人威廉·江恩(Willian D. Gann)是20世纪最著名的投资家之一。近百年来世界上无数的技术分析追随者都希望掌握江恩理论，但苦无求学之门。江恩理论如江恩所言，“我们拥有一切天文学及数学上的证明，以决定市场的几何角度为什么及如何影响市场的趋势，如果你学习时有所进步，而又证明你是值得教导的话，我会给你一个主宰的数字及主宰的字句。”江恩通过数学、几何学、宗教、日文学等的自然法则去套用在股市预测学上。他在股票和期货市场上的骄人成绩至今无人可比。

有别于传统的技术分析，他创造性地把时间与价格完美地结合起来，形成独特的时间价格理论——江恩理论。而为人津津乐道的是其周期与时间理论的预估能力，笔者利用其理论精髓多次在网上提前几日、几个月或1年前准确地预告了重要的转势时间。由于笔者利用江恩理论分析方法具有非常高的准确性，有时达到令人不可思议的程度，因此引来大量香港及传媒对江恩理论的注意。

江恩是虔诚的基督教徒并熟读圣经，他曾说过在圣经之中发现了市场循环理论。江恩为了完善及研究自然的理论，去世界各地旅行，英国、埃及、南美、古巴甚至印度，他长时间逗留在大英博物馆，查阅100年来的投资市场的资料，据说，他还买了一架银星型(Silver Star)飞机，以便能够在空中查看农作物的收成。

1909年江恩所提出的江恩理论交易技巧引起了人们的关注，同年《股票行情和投资文摘》杂志社的编辑 Richard. Wyckoff 对他的交易进行了一次实时报道。在其报道的25个交易日里，在杂志社人员的监督下，江恩在10月份的25个市场交易日中共进行286次买卖，结果，264次获利，22次损失，获利率高达92.3%。

据江恩一位朋友基利的忆述："1909年夏季，江恩预测9月份小麦期权将会见1.20美元。可是，到了9月30日该期权仍然在1.20美元之下徘徊，江恩的预测看似是错误的。但江恩说：'如果收市时不见1.20美元，将表示我整套分析方法都有错误。不管现在是什么价，小麦一定会见1.20美元。'结果，在收市前一小时，小麦冲上1.20美元，震动整个市场。该合约不偏不倚，正正好好在1.20美元收市。"

1919年江恩辞去了工作，开始了自己的咨询和出版事业，出版了《供需通讯》，这个通讯既包括股票及商业信息，并且提供给读者每年的市场走势预测，这些预测的准确性使江恩变得愈来愈出名。1923年江恩出版了自己的第一本书《股票行情的真谛》(The Truth of the stock Tape)。该书受到了《华尔街日报》的称赞，多年来持续畅销，有人认为这是江恩所写的众多著作中最好的一本。

江恩49岁时写了一本著作《空中隧道》，并于1927年出版，书中更字字玄机，本来是本爱情小说，但是隐匿地证明江恩了对天文学及占星学的了解。主角 Robert Gordon 出生于1906年6月10日，这天出现我们中国人所说的五星连珠的星象位，火星、木星、太阳、水星及冥王星集结在双子座17～22之间，在主角出生之前两个月，旧金山发生了大地震，一年之后的春天棉花收成困难，到了秋天又发生了金融恐慌，这也证明江恩理论中引用了大量的天文学及占星学。

江恩在1949年出版了他最后一本重要著作《华尔街45年》，此时的江恩已是72岁高龄，他披露了纵横市场数十年的取胜之道。其中江恩12条买卖规则是江恩操作系统的重要组成部分，江恩在操作中还制定了21条买卖守则，江恩严格地按照12条买卖规则和21条买卖守则进行操作。

江恩在事业高峰期时成立两家走势研究公司，分别为：江恩科学服务公司及江恩研究公司，出版了多种投资资讯。在他每年出版的全年走势预测中，都清晰地绘制出在什么时间见什么价位的预测走势图，准确性极高。江恩也主持走势分析方法讲座，其中一次讲座更是向每位参加者收取2500美元；而另一个名为新机械式买卖方法及趋势指标讲座收费更是高达5000美元。5000美元在当时可绝对是天价。

江恩于1955年6月18日去世，享年77岁。1983年美国市场分析师联会(Market Technicians Association，简称MTA)把年度大奖颁发给江恩，并由江恩的儿子约翰·江恩(John L. Gann)领取。

二、股市及商品的生命周期

在大自然中，几乎所有生命都是有灵性的。自然界很多动物为了交配，为了生命的延续繁衍，雄性之间为了争取与雌性的交配权等等。所有的动植物都有自己的生命周期及频率。如地球自转，潮汐，女性月经，四季交替等。生命轨迹呈螺旋线性展开，无论是物质、宇宙的自然运行，分子的震荡、生命形态的成长，乃至于行星、恒星和星系的移动与转动，无一不受到力的几何学结构及黄金比率等自然法则所掌管。金星周期约是地球周期的0.618倍，水星周期约为金星周期的0.382倍，水星周期约是地球周期的0.236倍。

我认为股市也是一个独立的生命，股市生命轨迹呈螺旋线性展开。股市基因在空间上记录为价格，或记录为波浪之间的比率。比如0.618～0.382、0.236～0.764、0.809～0.191等。这些比率在股市生命的繁衍过程中，不断地重复出现——顽强地表现出基因遗传的特性。江恩深信每一个商品及指数价格都有其特定的“波动率”及因子操控，股市及商品具有人的生命特性——基因遗传。

如亚里士多德在他的《物理学》中说：“凡是具有天然运动和生死的，都有一个循环。这是因为任何事物都是由时间辨别，都好像根据一个周期开始和结束。”至于循环的原因，江恩则并未对此做出解释，并说道：“即使我做出解释，一般大众也并不会理解，不能接受，不会相信”。

江恩曾说：“每只股票有独一无二的运行特性，也就是走势、成交量及运行方向等方面的特性。所有这些特性都是体现在自身的振荡频率当中。就像原子，股票及期货是能量的真正中心，因此它们受数学的控制。股票创造了它们自身的活动领域和力量、吸引和排斥的力量。因此要利用科学的方法进行投机，并遵循自然法则。”

每一种商品及指数是由众多投资人组合而成的一个生命体。大部分投资者只盯着结果而后发先至，却不能提早了解从而去先发制敌。股市运动如无线电、音波等它拥有自己的特性及特征，也有独立的运行轨迹。每只股票生命都有自己独特的“波动率”，只要掌握波动率，就能了解它的波动形态，是涨还是跌。商品的生命周期循环，展现有规律的运动，上升至极点，会做出调整，下跌到尽头，就会上升。在波动的运动中，你可以找出一定的比率及规则掌管。这些波动率很多时候是有着某种数学上的联系。

在股市运行过程中，不断地重复出现呈螺旋线性扩张或收缩。比如，上证指数 2005 年的底部 998 将它乘以 6.18 即可得出 6167 点，(6.18 是 0.618 的 10 倍)即为 2007 年的顶部。2004 年 5 月恒生指数 10917 低点跟 2007 年 10 月 31958 点高点，得出 1.604(1.618 黄金比率)。

艾略特波浪理论中把股市分割为基本 5 个上升浪及 3 个下跌浪。3 个下跌浪包含 55 个细一级的子浪，5 个上升浪包含 89 个细一级的子浪，合共有 144 个子浪(图 1-1)。波浪的内部结构之数学关系依据自然法则：$55+89=144$；$89/144=0.618$；$89/55=1.618$；$55/89=0.618$，0.618 与 1.618 是黄金比率。而 144 是 12×12，在江恩理论中表示一个波浪理论周期走了 12×12 的立方周期。而艾略特波浪理论符合自然法则，并与江恩理论同根同源。

人的情绪周期是受宇宙星象影响的。同样，股票及期货是人类集体投资后活动出来的结果。股市都是生命体，所以会受天体运行影

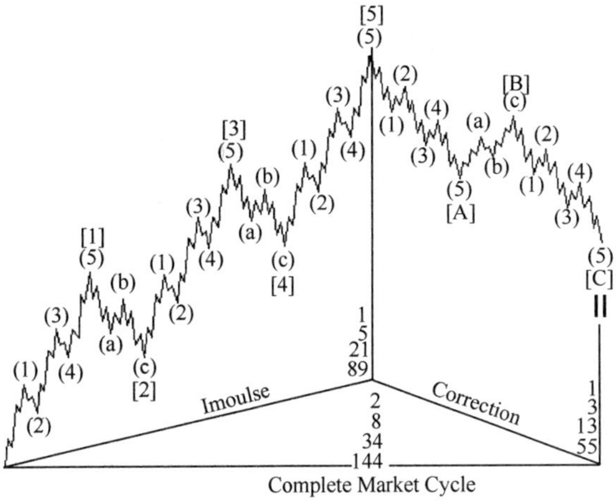

图 1-1　波浪理论

响。而嘉路兰所发明的螺旋历法(Spiral Calendar)正好体现到以上论点，他认为股市是投资场所，投资人心理往往受到天体周期的影响，其中月球的影响最大。所以嘉路兰用月亮的行走周期，即以塑望月长度29.5306日为基础的历法，去发明了螺旋历法，并从中发现当月球的运行周期(即E=29.5306日)的倍数是斐波那契数的开方时，市场投资者的情绪便可能出现逆转。江恩经常引用《圣经》中所写，“已有之事将来必有，易行之事将来必行，太阳底下无新事”。

三、不能违抗的法规

每种事物的运行都遵循无处不在的宇宙总规律，小到原子、分子，大到太阳系、银河系。例如，组成物质的原子就可以看成一个微缩的太阳系，太阳系又可以看成是银河系的一个原子，银河系又可以看成是更大一个系统的原子。各个系统无论大小都在其相对封闭的时间和空间内遵循着同样的循环运动规律。

股票市场的运行也必然遵循着宇宙的总规律，只是各种事物在不同的时间和空间加入到各自所在系统参与宇宙的运动，即参与某个系统运动的循环起点不一样，所以在某个特定空间和时间内，本系统内构成元素相互看起来是杂乱无章的。

《道德经》中所讲的道是“道可道，非常道。名可名，非常名。无名天地之始。有名万物之母”，道是天地之始及万物之母。遵循着自己的法则而永远不会改变，循环往复地运行永远不会停止。世间万物在有节奏、平衡、和谐地运行。世界上事物的运行看似无序，而实际上是由一套高级的秩序管理着。图 1-2 和图 1-3 给出了房地产业指数 18.3 年的周期以及太阳黑子与制造业周期的对应关系。

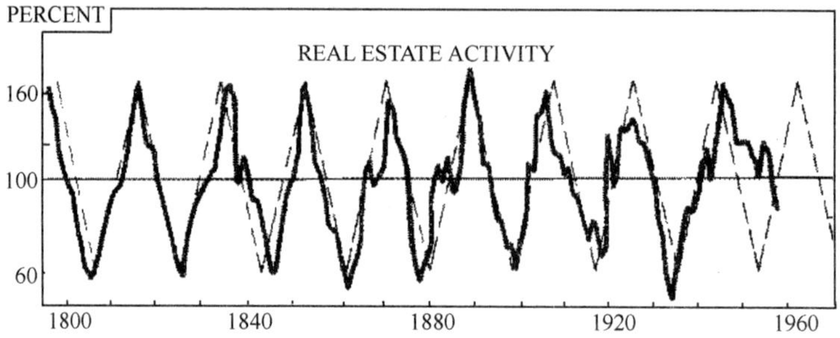

图 1-2　房地产业指数 18.3 年的周期

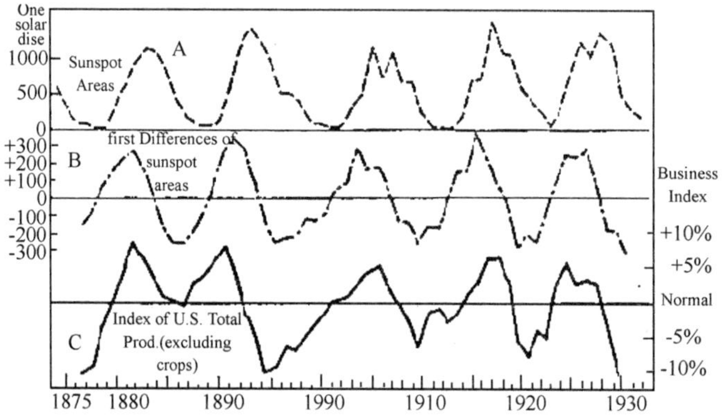

图 1-3　太阳黑子及制造业周期 1875～1931 年

混沌理论(Chaos theory)指出一切事物的原始状态，都是一堆看似毫不关联的碎片，但是这种混沌状态结束后，这些无机的碎片会有机地汇集成一个整体。而金融市场也是如此，看似毫不关联，混乱无序，实际上是受着自然法则影响。康狄夫长波理论(The Kondratieff Wave)指出 50～60 年为一个循环的经济周期现象。波浪理论将股市运行的规律归纳为 5 浪上升及 3 浪下跌。惠勒(Raymond H. Wheeler)的经济时钟理论，将经济周期平均为 100 年，它可能会在 70～120 年之间运行(短至 70 年，长至 120 年)，并将它分为寒冷期、温暖期、旱季和雨季。认为气候变化，经济发展及战争等都会对人口的数量造成影响，如图 1-4 所示。

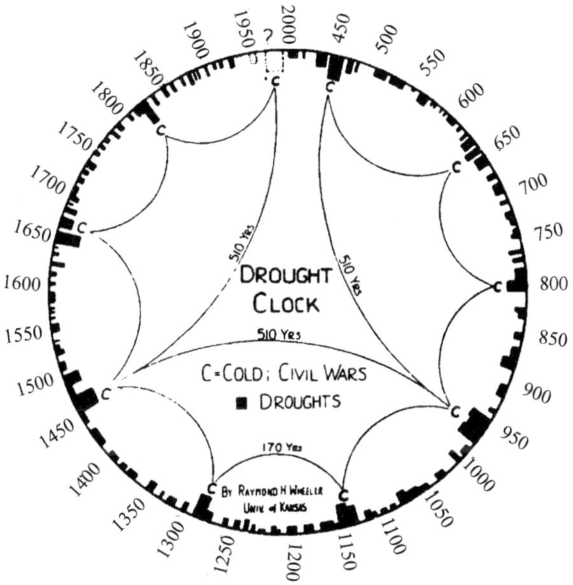

图 1-4　惠勒(Raymond H. Wheeler)发现过去 2000 年人类经济及气候的关系

股市及商品都遵循着自己的法则而永远不会改变，循环往复地运行永远不会停止。江恩理论最伟大之处是找出自然法则及股票与期货之间关系，并加以利用。江恩理论的实质就是在看似无序的市场中建立了严格的交易法则，他建立了不同的实战工具，即江恩时间法则、江恩价格法则、江恩角度线等。它可以用来发现何时价格会发生回调和将回调到什么价位。而这些自然法则，正好隐藏在数学、几何及天文学之中。

四、江恩与数学及几何

万物皆数，天地之间的一切力量都被数学掌管着(图 1-5)。江恩曾说："数学是唯一精确的科学，所有地球及天上的力量都是由简单数学所统治。"伟大的数学家毕达哥拉斯(Pythegaras)在研究数字并发现了所有自然法则的证明之后说："上帝之前是数字。"江恩认为数学能揭示真理，并能用它解答一切问题。若无数学，则化学家、工程师、天文学家也就不存在了。

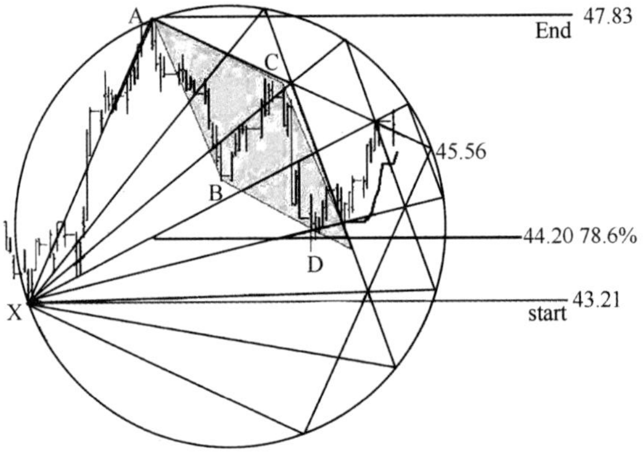

图 1-5　几何交易

江恩曾说："数学是整个文明世界所同意的唯一真正的科学。数学证实了历史重演本身的明确证据，并展示了循环理论或谐波分析是可以确定未来走势。"

数学无处不在。埃及金字塔至少是在 5000 年前建造的。金字塔的底边与高度之比约为 1.618(底边 783.3 英尺，标高 484.4 英尺)，反过来的比率约为 0.618。这些数字和比率，就像向日葵花盘的内部结构一样完完全全地按神奇数字排列。

如历史事件发生的排列很多时间也一样会有规律地存在螺旋数学关系。以美国独立战争为例：1776 年发表"独立宣言"，正式宣布独立；5 年后 1781 年北美英军投降；7 年后 1783 年英国承认美国独立；13 年后 1789 年华盛顿成为美国第一任总统；34 年后 1810 年南美殖民地开始独立战争等，都存在黄金比率的关系。

只要我们掌握数字的奥秘，使用数字就可以简单地去解决问题和得出正确的答案与结果。可惜只有少数人用它去预测商业、股票和商品市场的未来。其实，学习和理解数学的基本原理就可以预测股价将来的走势。

如上证指数过去的高低点都存在着一定的数学关系。如2005年6月份的低点982.45跟2007年10月份的高点6124.04存在6.23(约6.18，即0.618的10倍)的关系。2007年10月份的高点6124.04跟2008年10月份低点1664.92存在3.678(约0.618的6倍)的关系。而2008年10月的低点1664.92跟2009年8月的高点3478.01成2.09(约开方4)的关系。

万事万物都符合《圣经》阐述的自然法则，价格运动的时空关系完美地诠释了自然法则。江恩角度线、时间周期及江恩百分比，无一不是由数学、几何发展而来。如江恩所说："我们拥有一切天文学及数学上的证明，以决定市场的几何角度为什么能够影响市场的趋势。"

第二章

短线交易者的准备

杰西·利弗莫尔说过："投机游戏是这个世界上最迷人的游戏。但它不是愚蠢者、思想懒惰者、情绪不稳者的游戏，也不是一夜暴富的冒险者的游戏。这些人在投机的游戏里将会一贫如洗，穷困潦倒。"

一、历史上的借鉴

交易者在参加投资及投机之前，应先了解投资的本质。投资本身到底是什么？过去历史上曾出现多次的资产泡沫，如著名的郁金香泡沫(Tulip mania)，南海泡沫及美国佛罗里达州房地产热泡沫。如近代有香港 1997 年楼市泡沫及美国金融海啸。

(1)资产泡沫——郁金香泡沫。

郁金香球茎热是历史上投机性最强的一次致富狂潮。郁金香在 16 世纪中叶从土耳其传入奥地利，然后从这里逐步传向西欧。当时，荷兰是世界上屈指可数的强国，以其独特的气候和土壤条件，很快就成了郁金香的主要栽培国之一。

1630 年前后，荷兰人培育出了一些新奇的郁金香品种，一下令郁金香风靡起来。首先是球茎商们像服装生产商预测大众对布匹、衣服、裙摆的偏好一般，简单地对下一年最流行的郁金香球茎的色彩样式进行预测，之后他们会额外购进大量的球茎并储存起来，待价而沽，如图 2-1 所示。

之后球茎价格开始急速上升，人们开始认为：球茎卖得越贵，就越觉得它是一种最优质的投资选择，人们对郁金香的狂热会永远持续

图 2-1　郁金香泡沫

下去，世界各地的投资者将云集荷兰求购郁金香。那些起初认为价格不会上涨的人，看到亲朋好友个个满载而归，也抵制不住这场投机活动的诱惑，开始加入进来。人们不惜拿地皮、珠宝、家具等东西来换这小小的郁金香球茎，为的是后者更值钱。此时郁金香球茎的价格已经变成天文数字。

不仅珍贵品种的价格被抬高，几乎所有郁金香的价格都飞涨不已。在短短的时间内，郁金香的价格被抬高了十几倍，甚至几十倍。使郁金香达到了空前绝后的辉煌。但是好景不长，1637 年 2 月初，价格突然暴跌。使得荷兰各个城市陷入混乱，并陷入了长期的经济萧条之中。

（2）资产泡沫——美国佛罗里达州房地产泡沫。

1923 ～ 1926 年，发生在美国佛罗里达州的房地产热，是人类历史上最早可考证的房地产泡沫。

20 世纪美国作为超级大国的兴起。在第一次世界大战前夕的 1913 年，美国的工业生产已经占世界总额的 1/3 以上，超过了英、法、德、日的总和。

到了 20 世纪 20 年代初，美国经济欣欣向荣，工作机会多，待遇优厚，人人都能享受经济发达带来的繁荣。美国人乐观的心理首先表现在股票和房地产上。当时，股票天天涨，很多投资者都一跃成为富翁，房地产市场也是一片欣欣向荣的景象。看上去，只要进行合适的投资，任何人都可以发财致富。

随着佛罗里达的旅游业开始兴旺发达，许多年龄较轻的中产阶级开始来到佛罗里达。对他们来说更愿意在这里购买一个冬天度假的小屋或买块土地作为日后定居的理想场所。于是房地产也跟着逐渐繁荣起来。许多眼光敏锐的投资人看准了这一点，便来到这里，迫不及待地购买房地产。佛罗里达成了很多人心目中理想的投资地。佛罗里达州政府和各地方当局也全力以赴地改善着当地的交通和公共设施，甚至不惜以高息大举借债来兴建基础设施，以吸引旅游者和投资者。在1923～1926年，佛罗里达的人口成几何数增长，而土地的价格升幅更是惊人。棕榈滩上的一块地，1923年时值80万美元，1924年就达到150万美元，1925年更是高达400万美元。当时买土地的定金是10%，因此土地价格每升10%，炒家的利润便是100%。与土地相比，房子的价格升幅更是惊人。一幢房子在一年内涨4倍的情况比比皆是。

随着房地产价格的飙升，羊群效应使这股炒卖房地产的狂潮越来越汹涌澎湃。当时佛罗里达仅7.5万人口，其中竟有2.5万名地产经纪人，平均每三位居民就有一位专做房地产买卖的。

一时间无数的财富竞相投入到佛罗里达，随着房地产价格的不断升高，银行批准贷款也不再看借款人的财务能力而专注于房地产的价格。投资者很容易地从银行获得贷款。佛罗里达当地银行宽松的贷款条件给这股房地产热进一步火上浇油。

结果到了1925年底，佛罗里达整体房地产价格的高涨使得土地的价格贵到仅有少数的土地买卖能够成交，该来买房的人也差不多都来了，新来的人在陆续减少，所以价格也就冲不上去了。慢慢地，有的地方价格开始下滑，下滑的消息一传开，立刻引起恐慌，于是抛售的狂潮就开始了。这个时候，获利的投机者都争先恐后地试图从中解脱出来，开始大量抛售他们手中的房地产，整个市场立刻处于崩溃的边缘。另外加上1926年9月，一场大飓风以每小时125英里的速度横扫佛罗里达，整个地区立刻变成废墟，飓风引起的海啸将佛罗里达的两个城市夷为平地，这次天灾摧毁了13000栋房屋，415人丧生。这些天灾犹如雪上加霜，让曾经高高在上的房地产价格急速下跌。1926年底，不可避免的崩溃终于来临了，佛罗里达的房产交易量从1925年的10.7亿美元急剧萎缩到了1926年的1.4亿美元。许多后来投入房地产市场的人开始付不起房贷，于是破产。许多破产的银行家、企业家或发疯或自杀。

(3)资产泡沫——美国2008年次贷危机。

低利率和大量美国国外资金的流入创造了宽松的信贷条件，为房地产市场暴涨火上加油，并鼓励负债融资性消费。而银行家也为了创造更多的贷款，而极力推行次级贷款。次级贷款是指借款人信用不好的贷款。20世纪初美国房地产市场持续走高，借款人信用不好的人也能获得贷款。金融机构把钱借给那些能力不足以偿清贷款的人，然后把这些住房抵押贷款证券(Mortgage-Backed Security，简称MBS)做成金融衍生品，打包分割出售给投资者和其他的金融机构。评级机构不负责任地将这些债券评为AAA级，而买家也以为自己可以透过信用违约掉期等手段规避风险，如图2-2所示。

因此美国家庭拥有房产的比例从1994年的64%(自1980年以来就大约如此)到2004年的史上最高水平69.2%。次级抵押贷款对家庭的拥房率和整体住房需求量的增加作出了重要贡献。1997～2006年间，美国住房价格增加了124%。2006年全国房价平均值是4.6倍的中产家庭收入。房地产泡沫导致了不少业主对其住房以较低利率再融资，或透过免除由房价上涨保证的二次贷款为消费者开销提供融资。到了2007年底，美国家庭债务对年度个人可支配收入的百分比为127%，而在1990年时为77%。

在房价不断上涨同时，消费者储蓄在减少，借贷和开支在增多。从2005年开始，美国家庭已经将超过99.5%的个人可支配收入投入消费或支付利息。自1999年开始，每年美国家庭开销超过其个人可支配收入。家庭债务到2000年年底增长到74000千亿，在2008年中期达到145000千亿，合134%的个人可支配收入。在2008年期间，一般美国家庭拥有13张信用卡，40%的家庭在信用卡上仍有未付账

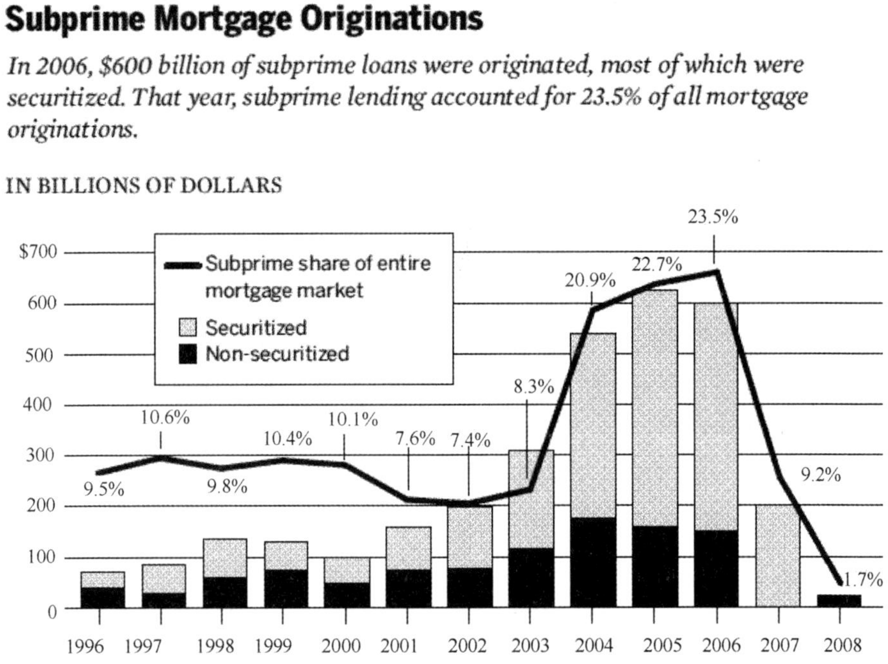

图 2-2　美国次按贷款增长

款，1970 年时仅为 6%。

信贷和房价的爆炸导致了建房繁荣，以及后来未能售出的房屋。这造成美国房价在 2006 年中期升至顶点并开始下跌。在信贷的宽松，且相信房价将继续升值的前提下，鼓励了许多次级贷款借款人去取得浮动利率抵押贷款。这些抵押贷款以在预先确定的期限内低于市场利率引诱借款人，期限过后剩下的则是以市场利率计算。一旦在初期的宽限期结束前无法支付较高月付款的借款人大概会试着再融资其抵押贷款。一旦房地产价格在美国许多地区开始下降，再融资变得更加困难。发现自己无法通过再融资以摆脱较高的月付款后借款人开始违约。

随着越来越多的借款人停止支付他们的抵押贷款还款，法拍和待售房屋库存增加。这使得住房价格面临下行压力，从而进一步降低业主的抵押资产的净值。抵押贷款还款的下降也降低了住房抵押贷款证券的价值，这削弱了银行的净资产和财务状况。这种恶性循环是危机的核心。

当美国房价开始下跌，次级贷款大量违约，那些用住房抵押的贷款、证券失去了其大部分的价值。造成许多金融机构资本大幅下降，雷曼兄弟破产，美国国际集团濒临倒闭，造成世界各地紧缩信贷。自次级房屋信贷危机爆发后，投资者开始对抵押证券的价值失去信心，引发流动性危机。即使多国中央银行多次向金融市场注入巨额资金，也无法阻止这场金融危机的爆发，直到2008年9月。

二、论价值投资

为什么每次金融危机时人们总会重复犯错？为什么人们总是健忘？为什么投机者不吸取以往的惨痛教训？笔者认为读者必须先了解价值的本质。

主流观点认为价值投资及基本分析才是投资的王道，但是“到底什么是价值”？“谁在弥定价值”或“价值到底是主观的还是客观的”？

一个同样材料及生产地的手袋，在不同地方销售；或经过不同的包装及市场营销后，价格就会大为不同。冠上不同的品牌，价格也会出现极大的差异。投资者应反问“股票市场中，股票及商品价值是谁在弥定”？

大部分价值投资的追随者认为每只股票及商品都有一个确定的内在标准，“真实价值”(intrinsic value)，可以经由仔细的分析当前和未来的发展而求算出。当市价跌破或涨过“真实价值”时，买进或卖出的时机就到了，因为，这种价格波动终究会被矫正。大部分散户投资者都以沃伦·巴菲特和彼得·林奇等为榜样，但事实上散户投资者所获得的信息跟专业投资者不可同日而语。

很多投资者相信效率市场假说，衡量证券市场是否具有外在效率有两个标志：一是价格是否能自由地根据有关信息而变动；二是证券的有关信息能否充分地披露和均匀地分布，使每个投资者在同一时间内得到等量等质的信息。根据这一假设，投资者在买卖股票时会迅速有效地利用可能的信息。所有已知的影响一种股票价格的因素都已经反映在股票的价格中，因此根据这一理论，股票的技术分析是无效的。

事实上专业投资者，如沃伦·巴菲特和彼得·林奇，通常有可能获得更大的信息。例如彼得·林奇经常能轻易接触到首席执行官和公司的高层人员，因为他们都希望基金的进入他们的公司，也能轻易搜集到独家的对公司前景的见解，掌握一手最新的信息。巴菲特和彼得·林奇的成功可能是由于优越的信息、财力或业务关系，但他们的情况不适用散户投资者。而散户投资者没有足够知识正确分析某些行业的独特性及行规，如每个石油公司开采与运输成本，当散户投资者得到正规渠道发布消息的时候可能已是旧新闻了。

三、市场是非理性的

价值的拟定往往因市场情绪，投机活动及信息影响后而变得主观。历史上“郁金香泡沫”(Tulip mania)，“南海泡沫”(South Sea Bubble)及“佛罗里达地产狂热”等经济泡沫，还有香港九七楼市泡沫和2008年美国楼市泡沫，历史上每一次经济泡沫或股灾都伴随着同样的基本特征，那就是贪欲。在市场狂热的气氛之下，市场参与者跟本将原有坚信的价值盘石抛诸脑后，转而热衷于不确定却又激动人心的假设。

凯恩斯(John Maynard Keynes)的空中楼阁理论曾指出“投资人不该把精力浪费在估算股票的真实价值，而该用于分析投资大众未来的动向，以及在乐观时期，他们会如何把希望建筑为空中楼阁。”股价的价格并不是由其内在价值决定的，而是由投资者乐观或悲观的情绪所主宰，促使股市形成上涨或下跌的趋势。而投机本身如接力棒，新的买方总期望有人以更高的价格购买其投资。如博傻理论(greater fool theory)指出在资本市场中(如股票、期货市场)：人们之所以完全不管某个东西的真实价值而愿意花高价购买，是因为他们预期会有一个更大的笨蛋花更高的价格从他们那儿把它买走。其实傻子并不可怕，怕的是做最后一个傻子。

笔者不反对价值投资。但利用二手，三手过时数据等到股市市场博奕投机，毫无交易优势(Trading Edge)可言。更可惜部分信奉价值投资的散户都缺乏能够分析公司财务资料及会计的知识，价值只是靠感觉，获利只能靠幸运，又何谈价值。要建立一套自己的交易系统去增强自己的交易优势(Trading Edge)才是生存之道。

市场价值就是市场愿意支付的价格，仅此而已，并不是股票的真实价值。说穿了价值只是广大投资者根据消息主观地给予某股票定一个价值，而贪婪是推高价格的一个重要因素。

四、历史上有名的炒家

利弗莫尔(Jesse L. Livermore)是美国最大的投机商之一，在股票市场和商品期货市场中赚了成百上千万美元。他破产了几次，江恩在《江恩华尔街 45 年》一书提到利弗莫尔，他是这样描述的："第一次见到利弗莫尔是在 1908 年，之后在 1913 年再次见到他。当时他正对 Murray Mitchell & Company 进行交易，后来这家公司倒闭了，因此让利弗莫尔损失得一干二净。1917 年，当利弗莫尔回来并赚到钱后，他不仅归还了我在 Murray Mitchell & Company 损失的那部分钱，而且把其他人的损失也一起补上。这是件光荣的事，而且因为利弗莫尔的正直和诚实，所以当 1934 年他再次破产时，我曾资助过他并说服他

利弗莫尔

人集资帮他渡过难关。利弗莫尔挺过来了，而且赚了钱。但是利弗莫尔的弱点之一就是他除了学习如何赚钱以外，什么都不学。他从不学习保存资金的方法，他贪心，有权力欲，所以当他赚了一大笔钱以后，就不再稳妥地进行交易。他试图让市场跟着他的意愿走，而不是等待市场自然地转势。利弗莫尔在赚了许多钱后选择了自杀了，当时他实际上已经破产。为什么一个像利弗莫尔那样赚了上千万美元的人却不能保住财产？这是因为每次他都同样贪心，同样欲图权力、希望成为大人物并操纵市场。他要支配一切，因此没有料到天有不测风云，但意外确实出现了，而且还会出现，结果他输掉了所有。”

中国期货界传奇人物，瑞林嘉驰对冲基金操盘手刘强在 2015 年股市回调后而破产，他在博客中写了一篇“对于这次 A 股股灾的几点反思”。“整整两周时间，我没有发一篇微博，为什么？因为我在痛苦地反思！此次股灾颠覆了他的很多投资原则，让他感到无所适从，甚至多次怀疑他自己是否还适合这个市场。我个人一直是个基本面派，所选的股票的主要原则就是该公司未来的业绩会稳步增长，由此该公司会由一家中小市值的公司成长为中大市值的公司，而我的长线持有则会享受到公司成长所带来的股价飞跃。这种选股方法在多次的牛市中都屡试不爽。但没想到这种长线持股的方法让我在这次股灾中失去了止损的最佳时机。很多浮盈非常大的股票刚开始下跌时，我无动于衷。跌破 20 日线，我开始重点反思这些股票，基本面毫无问题，继续持股。跌破 30 日线，开始意识到市场的系统性风险，止盈出局。跌破 60 日线，觉得这么好基本面的股票居然能跌到这么低的价格，于是重仓买入，马上被套，大盘暴跌，股价跟着暴跌，再止损，心态彻底乱了。究其原因，还是自己太过于执着于股票的基本面了，觉得只要是股票好，主力又没出局，我怕什么？”

五、交易是世间最危险的事

有很多短线投资者认为短线操作是危险的事情。对的，短线投机是非常的危险。要在短线操作的生涯中取得成功，必须要自我醒觉及明白，我当前所进行的交易一定会亏损，而且会亏损得很惨。执着地、一厢情愿地相信你会在市场上获得成功的信念将导致你错误地处置亏损的交易。这就是信念系统为何对交易员如此重要的原因。假如你的信念让你觉得目前的交易稳赚不赔，而实际上却不然，那么坚持信念的代价将是持续亏损，让你最终沦为输家。

《股票大作手回忆录》中有一句经典的话："当我看见一个危险信号日的时候，我不跟它争执，我躲开。几天以后，如果一切看起来还不错，我就再回来。我是这么想的，如果我正沿着铁轨往前走，看见一辆火车以每小时60英里的速度向我冲来，我会跳下铁轨让火车开过去，而不会愚蠢地站在那里不动。它开过去之后，只要我愿意，我总能再回到铁轨上来。"

为何利弗莫尔和刘强都聚敛了上千万美元后又统统输掉？投资者应了解他们发生的灾难，要学到的教训是这些炒家为什么会输钱，以及他们没有遵守什么规则，因此不再重蹈他们的覆辙。我们要学习的最大的同时也是最重要的事，就是不要过度交易。需要学的下一件事就是使用止损单，一份自动执行的止损单不但可以保住本钱，还可以保住盈利。而我们应当按事实进行交易，消除希望和恐惧心理，这些都是交易者的大敌。如果一个人仅凭希望买进并持仓，那么最终他会在最恐惧的时候平仓，而那时已经太晚了。一个人必须记住市场趋势的变化，而且他必须在趋势变化时做出相应的变化。为了获得成功，他必须学习自己在过去总结出的规则，并在未来的市场中加以应用。

要明白世上没有完美的预测及分析系统，江恩理论同样也是如此。江恩在世也只能做到正确率92.3%。在参加短线投机之前必须明白"虽然我们无法预测天机，但可以控制损失。将损失限到最少。"大部分交易员遭遇的重大损失，或刘强的经验都是源于自以为目前的交易必胜无疑，而不遵守止损的最基本规则。失败的投资者，他们大多是过去有大量成功的经历令他们自信及自满，对自己分析充满信心。单笔交易赌注太大，或是久久不肯认赔杀出的人，都是不能在市场中长久生存的。越早学会如何处理失败，你就越早能够在短线交易事业中积累财富。"任何事情都可能在买卖商品或证券时出现，而任何走势发生都是对的，错的只有你"。

江恩认为大部分投资者失败的原因有三个方面：①对于他们的资

本来说，交易过度或买卖过于频繁；②他们没有下止损单(Stop Loss Order)或限制他们的损失；③对市场知之甚少，这是最重要的原因。

笔者认识一个朋友不到30岁就已经在期货市场累积了上千万的财富。他跟笔者分享了他自己的成功之道，一是离不开限制每次的注码，设立止损单，及永远顺势而行，即使市场走势不如自己所料也很快认输反手。二是，他会定期将自己在期货户头的利润抽走，以防止过度交易及限制注码。不过最令我敬佩的是他没有因千万的财富而过着奢华的生活，每日仍然准时到超市上班。

六、投资是一门专业

操作股票或商品期货是一种工作也是一门专业，就像工程医学专业一样。要获得有价值的信息，或判定股票的运行趋势，从金融市场上获利，没有什么能比研究股票过去走势更好的方法了。

笔者虽然年轻，但过去几年曾举行了大大小小近百场的讲座及授课，包括受到香港大学进修学院及香港经济日报智富杂志的邀请。但事实上大部分参加者都希望他们能投资或投机并从中获利。大多数的人都是希望在课堂中能让我直接告诉他们之后购买什么股票，而不是学习分析股票市场的具体知识。

大多数人买股票是因为他们希望股价会上涨并从中获利。他们按小道消息，或他人的想法购买股票，而自己没有任何关于股票上涨的具体知识。因此，他们错误地进入了市场，而且不能认识到自己的错误，或试图及时改正。最后，他们卖股票是因为害怕股价再跌，并常常卖在底部区域，结果在错误的时间脱身，这就犯了两个错误：在错误的时间入市和在错误的时间出市。有一个错误本可以避免，那就是他们本可以在错误地入市后及时脱身。

你可以根据市场评论及坊间的小道消息操作，并像其他许多人那样或是输钱或是打平，因为市场评论推荐了太多的股票供你买卖，而且你选择了错误的一只并因此输钱。因为，当你自己也不知道这些建议是以什么为根据的时候，就不可能有信心并依此进行操作。我们需要的是一套方法，提高自己的交易优势(Trading Edge)。能判断出市入市的准则及方法，当你自己可以看出并且知道股票为什么要上涨或下跌的时候，就能够满怀信心地操作并从中获利。

“股神”巴菲特投资金句：“别人恐慌时贪婪，别人贪婪时恐慌”。很多人都以此作为投资的金石良言，看似简单，但实行上却只有极少数人能做到。“已有的事，后必再有；已行的事，后必再行。日光之下，并无新事”。我们只有通过分析股市及商品过去的表现才可以帮助判断它未来的走势。只要选对正确的起点，我们就能预测将来，就会得到比任何道听途说的所谓“内部消息”更有价值。这就是你为什么应当研究我所有的规则，并亲手绘制个股走势图以及平均指数走势图的原因。如果你这样做，那就得准备好以独立于他人建议的方式进行操作，因为你会在时间验证的规则中得知市场应有的趋势。

七、江恩理论的优势

好学的投资者，穷其毕生精力投入市场，试图获得一套可以战胜市场的秘技。经济、政治、企业盈利与增长前景、公司管理等基本因素当然都会影响股价，长期摸爬滚打于投资市场的老手们也不得不承认和接受股价与指数在许多情况下都是偏离基本因素的。市场经常出现非理性亢奋与恐慌，唯有以建立更客观而科学化的出入市策略，技术分析不失为行动前的实用指标。

传统技术分析的缺点主要源于运用价格为基础的历史数据进行分析因而有滞后性，信息每每错失先机。或者在非理性亢奋与恐慌时指标经常失效。另外坊间大部分技术指标关键在于成交，并不适用于人为操控性高的市场及个股。

时间虽会过去，人性却始终不变，历史会一再重复。人的情绪周期会受天象影响，江恩理论利用占星、几何及数学独成一套预测时间及价格的工具。股市也被视为生命体，万物皆有一套更高的法则去运行，而只要找到正确的起点及关键的线索，就能得知未来时间及价格的转势点，从而明白周期循环变化。我们可以通过江恩理论预测未来时间转势日，提早知道未来周期的变点。

江恩提出的 12 条交易规则，纵有江恩一身好武功，但准确预测跟实际操作是两回事。在准备预测之时，必须有一套常用操作法则，以控制个人纪律才能战胜市场。江恩的操作法则包括：每次投资只容许输掉 10%的本金、只在流通量旺盛的市场打滚、切忌在亏损股上再加码、肯输肯赢、注意市场顶与底部的周年纪念日、买入创新高股票、沽出创新低股票、以反弹与调整 3 周作为卖出与买入的时机等。

江恩理论是一套科学的方法，在信息发达及走势越来越复杂的年代，唯有以建立客观而科学化的出入市策略，才有机会战胜市场。而本书将结合时间、价格和纪律三个重要的要素，并配以笔者长期的探索与实践的精华，呈献给广大读者。

第三章

江恩波动率法则

“股票及商品(或地区上所有的事物)都离不开振荡。而振荡的法则提供了全面的解释在金融市场中价格的移动。”

——江恩

一、江恩波动率基础理论

江恩深信每一个商品及指数价格都有特定的“波动率”。波动率法则(The Law of Vibration)是江恩理论的核心。江恩与艾略特的波浪理论一样，注意到市场具有波浪的特性，股价具有潮起潮落的现象。在某些时候股票异常活跃，有时候交易异常冷清。

江恩在《股票行情与投资文摘》杂志的监督下进行了高胜算的实战表演，取得了巨大成功。于是他应邀在该杂志上介绍了他的方法，其主要内容就是波动法则。以下是整理后的部分重要文章内容：

很快我就开始注意到，股票市场和期货市场的价格起伏中呈现周期性循环。根据这种现象我得出结论：自然法则是市场运动的基础。然后我决定，专注地研究自然法则，以便能够应用到投机市场中，以最大的精力投入到投机市场，这是个利润巨大的职业。经过对相关科学的周密分析和调查，我发现波动法则使我能够精准地确定某些位置，在这些位置股市和期货市场价格将在给定时间内上升和下降。

恰当地定义我应用于市场的波动法则几乎是不可能的，外行人也许可以通过下面的描述把握一些原则。我认为：波动法则是无线电波、无线电话和照相技术所依据的基本法则，没有这个法则的存在，上述发明是不可能的。

为了验证上述观点的有效性，数年来我不仅辛勤工作，而且在纽约的阿斯托图书馆和伦敦的不列颠博物馆花费了9个月的时间，翻阅了从1820年开始的股市记录。偶然地，我发现了Jay Gould、Daniel Drew、Commodore Vanderbilt和华尔街其他著名操盘手从过去到现在的操作记录。

我曾经检验过Union Pacific公司从哈里曼(E. H. Harriman)那个时代开始的行情，可以说在华尔街的历史上，所有的操盘手中哈里曼先生是最杰出的。数据显示，无论哈里曼先生是有意识还是无意识地，他都严格地按照自然法则操作。对市场历史以及大量统计数据的分析表明，股价显然是由确定的规则所控制的，因此存在周期性或者说循环的法则，这些法则是所有价格运动的基础。观察表明，在交易市场中异常活跃的交易往往是在一段不活跃时期之后出现的。

亨利·霍尔先生在最近的著述中花了很大的篇幅描述“繁荣与萧条的循环”，他发现了一定时间间隔的再现性。我所用的法则不仅定义了这些长期循环，而且也定义了每个交易日、甚至股价以小时为单位的波动。我可以确定在什么位置市场会得到支持，在什么位置上市场会遇到最大的阻力。密切接触市场的人会注意到潮涨潮落的现象，也就是股价起伏。在某些时间，市场会变得很活跃，创出巨大的成交量，在另一些时候，相同的股票可能会几乎保持静止，只有很小的成交量，非常不活跃。我已经发现波动法则主宰和控制着这些情况的出现。我也发现某些特定的阶段，波动法则主宰着股市上升，完全不同的法则主宰着股市下降。

我已经发现股市中存在的和谐与非和谐的关系成为市场的驱动力量。所有市场行为的奥秘是很明显的。用我的方法，可以确定每只股票价格的波动，花费一些时间进行分析，在大多数情况下可以确切地说出在某种状况下股价将怎样变动。

确定市场趋势的能力来自于我对每只股票特性的了解以及对某类股票恰当的波动率的把握。股票是活生生的电子、原子和分子，他们倾向于按照各自的基本波动法则保持自己的个性。科学告诉我们：“任何形式的原始动力最终都会分解成为周期性的或者说韵律运动，正如同钟摆在摆动中再次返回原来位置；正如同月亮返回自己的轨道；正如同来年梅花再度开放，春日再度来临，元素的性质随着原子自身重量的增加而周期性地再现。”经过广泛的调查研究和应用，我不仅发现了各种股票价格的波动现象，而且发现控制股价的驱动力量也处于一种波动状态。这种波动力量只有通过他们对股价和市场价值产生作用才能够反映出来。市场所有的波动或者运动是循环的，他们确实按照周期性法则在变化。

科学界发现了这样一条规律：“元素的性质是原子重量的周期函数。”一位著名的科学家这样表述：“我们确信在不同王国中多种多样的自然现象是非常紧密的以数字关系联系在一起的。这些数字不是杂乱无章的、不是混乱无序的、不是偶然出现的，而是有规律的、周期性的变化和发展，也是以各种形式波动起伏。”

如果希望在投机市场中改变失败的状况，我们必须探究原因。每一种存在都是以准确的比例和完美的关系为基础的。在自然中没有选择，因为作为最高准则的数学原理为世间万事奠定了基石。法拉第说：“除了数学的力量以外，宇宙间再无其他。”

股票正如同原子一样，是能量的真正核心，因此他们是被数学法则所控制。股票形成自己的运动范围和动力，也就是吸引和排斥的力量，关于这类力量的原理解释为什么某种股票在某段时间领先市场，在其他时间阶段则“死一般沉寂”。因此，科学地投机肯定需要遵循自然法则。

经过数年耐心地研究，我想自己证明了并得到了全部的满足，同时也向其他人展示了波动法则，它解释了市场各种可能出现的阶段和情况。

二、波动率的真相

波动法则控制着股市涨跌的节奏，波动法则的存在使股票市场像音乐一样节奏分明而又反复再现，如行云流水般充满了和谐的美感，不停地回旋，和谐，韵律，按比例运行。而波动法则是自然法则，因此把握了自然法则也就把握了股市的周期。

正如物质的电子、原子或微粒一样，有其独特的波动率

（图 3-1），这个波动率决定市场的波动及趋势。它支配着市场循环的法则。投资者只要根据个别股票或商品期货的独特波动率，便可以决定行情在什么水平出现强大的支持与阻力，以及了解个别股票或商品期货未来转势的时间。这种周期循环变化的规律不仅适用于较长周期的市场运动的变化，而且还可用于每日或每时的股票价格运动。股票就像原子，是能量的真正中心，因此它们受数学的控制。股票创造了它们自身的活动领域和力量、吸引和排斥的力量。因此，要进行科学的投机，必须遵循自然法则。

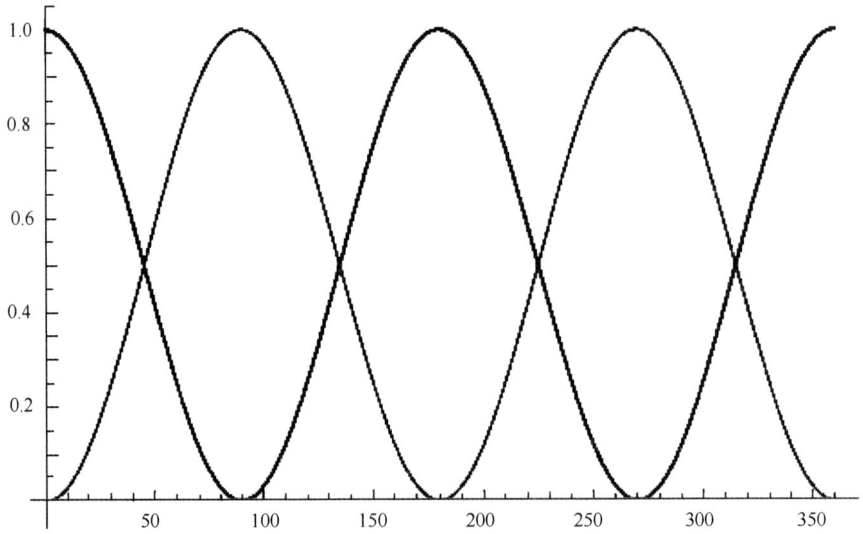

图 3-1　电子、原子波动规律

简单来说，波动率法则即是每只股票都有自己独立的波动频率，是股票生命的来源，它受这波动频率精确地控制。这力量也是驱动股票上升下降的动力，而且是有规律及可预测的。如图 3-1 所示，电子及原子波动也是非常有规律的。按此频率走到某一个点，或跟另一个频率走到倍数关系，就会产生共振，从而指数及商品会转势。很多朋友学习江恩理论不得其法，主因是不懂什么是波动率。本书会涉及波动率的计算方法及应用。

波动率是指在一定商品或指数时间内，该商品的时间与价位倍数有因子关系。当价格及时间构成倍数关系时，市场便会出现共振关系，而转势就会发生现前。

音乐家兼炒家 Petter Amundsen 曾发表一篇文章，从乐理角度去解开“波动法则”之谜。他认为，江恩理论与乐理正好一脉相承，两者皆以“波动的法则”为根基。如表 3-1 所示，Do(C)，Re(D)，Mi(E)，Fa(F)，So(G)，La(A)，Si(B)上述七个音阶中，频率上存在比率关系：D 约是 C 的 $1\frac{1}{8}$倍，E 约是 C 的 $1\frac{1}{4}$。当不同的频率形成的 1 倍、2 倍、3 倍、4 倍、8 倍时也会产生共鸣。上述比例及倍数，正是江恩所指的“波动率法则”，又称江恩的分割比率。

表 3-1　音符频率

音乐名称	音符	频率
Do	C	523
Re	D	587
Mi	E	659
Fa	F	698
So	G	784
La	A	879
Si	B	987

三、波动率的计算方法

每一个商品及指数价格都有自己独有的生命特性即基因遗传，如上证指数与深证成指是完全两个独立的生命体，受特定的“波动率”及基因操控。如何计算及获得波动率成为学习江恩理论的关键，也是如何绘画江恩角度线的核心内容。一直以来江恩的波动率计算方法都没有一个官方的答案。以下我会介绍几种主要江恩的追随者计算“波动率”的方法。

1. 代入固定整数与比例

有部分江恩的追随者认为，江恩部分教材多次利用一天上升 1 美元去绘画江恩角度线，所以提出按商品及指数价格按比例代入波动率。

以恒生指数的比例为：

(1)月线图：一月代表100点或50点；

(2)周线图：一周代表100点或50点；

(3)日线图：一日代表100点或10点。

对于个别股票比例则为：

(1)月线图：一月代表1元或5角(仙)；

(2)周线图：一周代表5角或1角(仙)；

(3)日线图：一日代表5角或1角(仙)。

以上证指数的比例为：

(1)月线图：一月代表100点或50点；

(2)周线图：一周代表10点；

(3)日线图：一日代表10点。

2. 以每段波浪的波幅及时间计算波动率

在角度线中波动的计算和确定方面可谓层出不穷。大盘与个股的波动率不完全相同，同一只股票的波动率在不同趋势运行过程中也不相同，而波动率如何计算至今仍然没有一个统一的说法，部分江恩的追随者认为波动率主要体现在市场中单位时间内价格上升或下降的幅度，市场每一段时间运行多少个周期，即频率。江恩理论除了价格的描述外，另一个最重要核心就是时间，图表的时间轴刻度时间及价格的空间不同，每个时间段图表及该时空的波段不同，所产生的共振点也会不同，也就是说波动率不是固定的，波动率在每个波段都有所不同。而下面将会介绍两种不同的计算波动率的方法，包括：低点—高点或高点—低点确定波动率，或利用低点—低点、高点—高点确定波动率。

(1)低点—高点或高点—低点确定波动率。

利用低点—高点或高点—低点计算波动率，在其中一个波段，找出波段最明显的低点以及该波段最明显的高点，计算两点之间的价格距离，再除以两个点之间的时间距离(交易的天数)。反之，即找出波段中最明显的高点跟低点计算中间的价格距离，再除以两个点之间的时间距离(交易的天数)。

上升波动率=(显注的高点-显注的低点)/两点之间时间距离

下降波动率=(显注的高点-显注的低点)/两点之间时间距离

例如，恒生指数于2012年6月4日跌至18056见底，并于其后的2012年6月18日上升到19578点出现一个最明显的高点，中间运行了10个交易日。我们利用上面公式即可找到152.2点，这就是该波段的波动率。

包钢股份在2015年6月11日涨到7.33元见顶，之后于2015年7月7日下跌至3.92元的低点(图3-2)。利用下降波动率方法计算波动率，(显注的高点-其后最显注的低点)/两点之间时间距离，即(7.33-3.92)并除以17日，得波动率为0.2点。

图3-2　包钢股份日线图

(2)低点—低点或高点—高点确定波动率。

利用低点—低点或高点—高点计算波动率，在其中一个波段，找出波段最显注的高点及其后该波段显注的高点计算中间的价格距离，再除以两个点之间的时间距离(交易的天数)。反之,此方法假如计到负数,只要忽略负数,将它化为正数便可。

上升波动率=(显注的低点-显注的低点)/两点之间时间距离

下降波动率=(显注的高点-显注的高点)/两点之间时间距离

同样以之前波段为例,恒生指数于2012年6月4日跌至18056见底,并于其后的2012年6月26日回调到18850点出现一个显注的低点,中间运行了16个交易日。我们利用上面公式即可找到49.63点,这即是该波段的波动率,利用此画出江恩角度线。

以万科A的日线图为例(图3-3),2013年5月29日万科A在12.61元见顶后回调,我们利用上面公式:下降波动率=(其后最显注的高点-显注的高点)/两点之间时间距离,所以将2013年5月29日的12.61元跟2013年5月8日12.04元相减,并除以15个交易日。

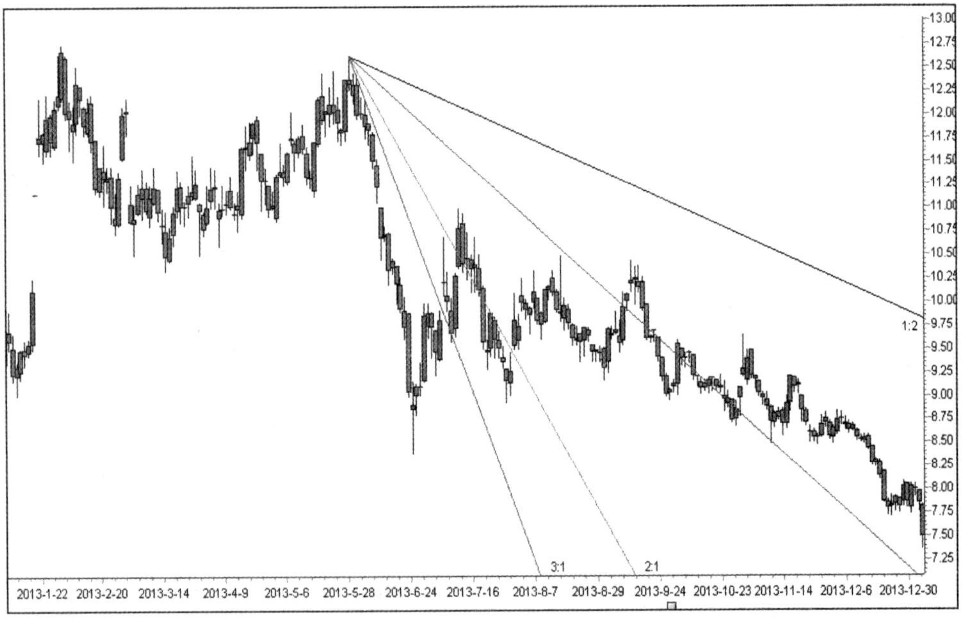

图3-3 万科A日线图

四、交易日与自然日

江恩理论源于自然法则，利用占星学，数学，天文学及几何学而成的理论。很多江恩追随者认为绘制江恩图表时必须要利用自然日(包括星期六、日及假期)。有人在此有不同的选择，他认为制作图表及时间价位角度线时，应使用交易日，但在计算波动率时，则使用自然日。在此的难题是，既然时间价位是互相转换，则自然日制成的图表重要性便不容忽视。

对此一直各有不同意见，有人认为制作图表及时间价位角度线时，应使用交易日，但在周期时间，则使用自然日。也有人认为所有图表都必须用自然日去绘制。所以最好的做法是分析者须制作两种图表：一种是交易日；另一种为自然日；应用时，两种图表的讯日都要兼顾。图 3-4 是自然日图表，中间阴阳烛空白的地方就是假期或没有开市的时间。

图 3-4　自然日图表

第四章

江恩价格工具

江恩曾说："数学是唯一的精确科学。在宇宙和地球上的一切权力都交给它掌握"。

一、江恩角度线的基本理论

江恩角度线(Gann Fan)，又称甘氏线(图4-1)，是大众广为熟悉与采用的。江恩理论中的一个理念就是认为市场的时间与价位存在着数字及几何之间的关系，但大部分操作者无从领略到江恩角度线强大的测市功能，或一直用一个错误的方法去使用江恩角度线，这无疑是一种遗憾。

江恩曾说："当时间与价位成四方形，市场转势便迫在眼前。"这一句表明了江恩角度线并非一般意义上的趋势线，不只是分析价格的工具，而同时是具有时间和价格两度空间的强大分析工具。

借助角度线可以给你解释一个循环所要到达的位置以及何时会到达，但直到价格刚好运行到那个位置的时候，你也不能预先知道会不会碰到。但是，任何一个市场的顶和底之间都有一个确定的数学关系，这就是我为何要找到时间循环的原因。你将会明白，什么时候这些主宰的时间角度将会重新返回到它们最初的角度和位置。这样你就可以掌握精确计算和测量市场运动能量的循环，通过主宰时间角度可以解释所有市场运动。

江恩角度线是指根据股票及商品的时间、价位，根据其独有

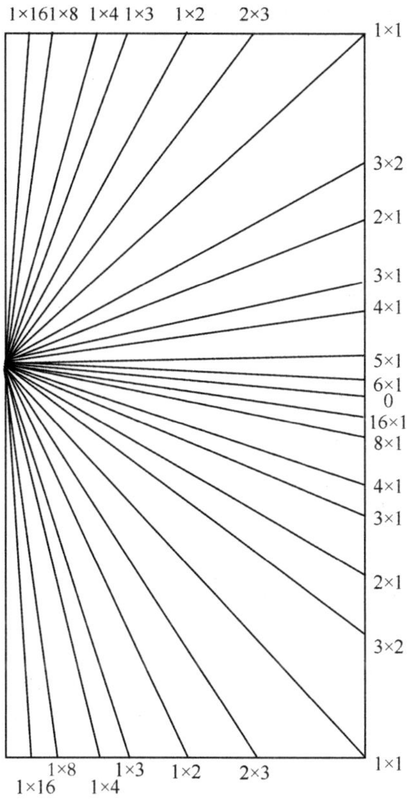

图 4-1 江恩角度线

的波动率去画成的扇形预测工具。它代表了时间与价位处于平衡的关系，若根据某一模式的时间、价位同时到达这一平衡点时，市场将发生重大震荡，即“当时间与价位成四方形”。江恩一直强调节奏、平衡、和谐地运行。当角度线相交或形成某个角度，将会产生共振而令市场产生变化。江恩角度线其中最重要的是 1×1 线，1×1 线所代表的乃是一个单位的时间相等于一个单位的价位，也即是 45° 线。另外，还有 1/8、2/8、1/3、3/8、4/8、5/8、2/3、6/8、7/8 等，每条江恩角度线有其相对应的几何角，对应关系如表 4-1 所示。

表 4-1　几何角度与江恩角度线

几何角	江恩角度线
7. 5°	8×1
15°	4×1
18. 25°	3×1
26. 5°	2×1
45°	1×1
63. 25°	1×2
71. 5°	1×3
75°	1×4
82. 5°	1×8

前面的章节我们曾讨论过江恩是根据几何及数学的自然定律去应用在股市之中，而江恩角度线正是其中之一。江恩的 1×1 线正是代表 45°，正好一个正方形 90°角的一半。“当时间与价位成四方形”，即当商品或期货到了江恩的 1×1 线的时间，即时间及价格形四方形。所以，在江恩角度线中 1×1 线是最为重要的一个角度线。紧随其后的是 1×2 线及 2×1 线，或 1×3 线及 3×1 线，依此类推，不过笔者认为江恩角度线于 5×1 及 1×5 之后的角度线参考性及准确度大大减低。

大家在此时可能会问，江恩角度线 1×1 又代表什么？假设波动率为 45 点，江恩角度线 1×1 表示以 1 个时间单位上升 45 个价格单位的方式进行。同样如果在下跌的走势中，波动率为 45 点，即表示该商品以每天 45 点的比率下跌。如果在日线图中，即表示该商品以每天升 45 个价格单位的比率上升。如商品处于 2×1 以上，即该商品以每天升 90 个价格单位的比率上升。所以处于愈高的江恩角度线以上，市场状况走势愈强。

以每天上升 45 点的波动率为例，用上升的角度线表示：

3×1 线——每日上升 135 点；

2×1 线——每日上升 90 点；

1×1 线——每日上升 45 点；

1×2 线——每日上升 22. 5 点；

1×3 线——每日上升 15 点

二、绘制江恩角度线的方法

江恩曾说："只要找到一个正确的起点，就有正确的结果。"江恩角度线是其中一款最为大众所认知的江恩工具之一。

江恩角度线的起点，一般是以市场重要的顶部与底部开始制作，使用江恩角度线时，通用方法都十分简单，市价下破一条上升江恩角度线时，市价将下探下一个角度的江恩角度线支持。相反，若市价上破一条下降江恩角度线，市价将进一步上探更高角度的江恩角度线。如图 4-2 所示。

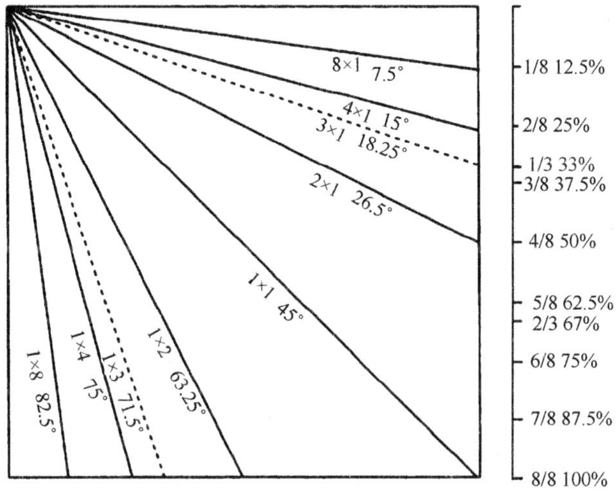

图 4-2 下跌浪的江恩角度线

江恩角度线是由市场的重要顶点或底部延伸出来，以判别市场趋势的好坏，有些江恩追随者认为：在上升 1×1 线之上的角度表示市场走势强劲，是牛市；在上升 1×1 线之下的角度表示市场走势弱，是熊市，如图 4-3 所示。

由于每只股票都有各自波动率及走势，而且每只股票的价格尺度也可发生改变，因此几何角度与江恩角度线之关系也会随之发生变化。事实上时间与价位的比率就是波动率在起作用，江恩认为"股票或其他在市场买卖的商品，正如物质的电子、原子或微粒一样，有其

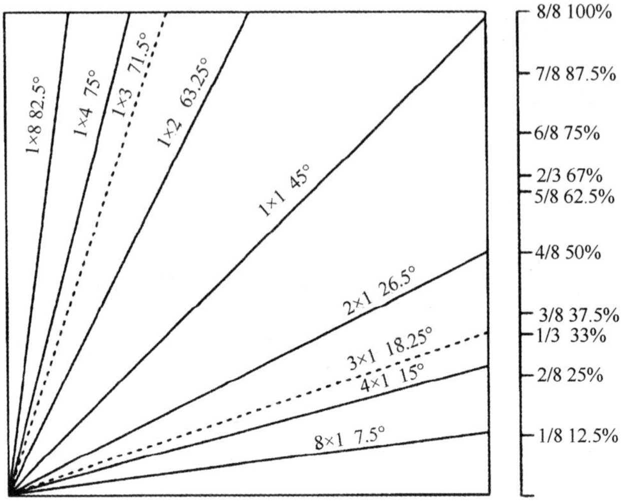

图 4-3 上升浪的江恩角度线

独特的波动率，这个波动率决定市场的波动及趋势。分析者只要掌握个别股票的正确波动率，便可以决定该市场在什么水平会出现强大的支持及阻力”。

由于每只股票都有各自生命周期及波动率，因此几何角度与江恩角度线之关系也会随之发生变化。所以画江恩角度线时必须要计算出某只股票的波动率，然后根据这个波动率去制作江恩角度线，只有正确绘制，才会让市场为我们所用。

由于市场上支持江恩角度线的软件很少，即使支持也没有几个软件能设定波动率。所以本书将大量采用 Gannalyst professional 5.0 去绘制江恩图。因为 Gannalyst professional 5.0 是国外一位热心读者所写，所以是全英文版面。但国内热心的网友将它翻译成汉化版，而本书的第八章内容将全面介绍如何汇入数据及讲述绘图的功能。

画江恩角度线有很多种不同的方法，但笔者只用以下几种比较实用的方法跟大家讨论：①由重要顶部开始画出江恩角度线；②由重要底部画出江恩角度线；③0°角度线；④双重底部画出的江恩角度线；⑤双重顶部画出的江恩角度线。

(1) 由重要顶部开始画出江恩角度线。

由重要顶部开始画出江恩角度线是一个最常见的江恩角度线画法，我们首先要确定正确的起点，其后要计算出波动率。顶部可以是历史上一些长期重要顶部，或是一些次级的重要顶部。在短线的走势中，近期造成的高点也可以作为画出江恩角度线起点之一。

以浦发银行图 4-4 走势为例，在 2008 年 1 月 11 日最高涨到 61.39 元，其后开始下跌以此为重要顶部开始画江恩角度线。利用顶部与顶部计算波动率的方法，即 2008 年 1 月 11 日的顶部及 2007 年 12 月 6 日的顶部的差，除以交易天数得出波动率为 0.245 点。

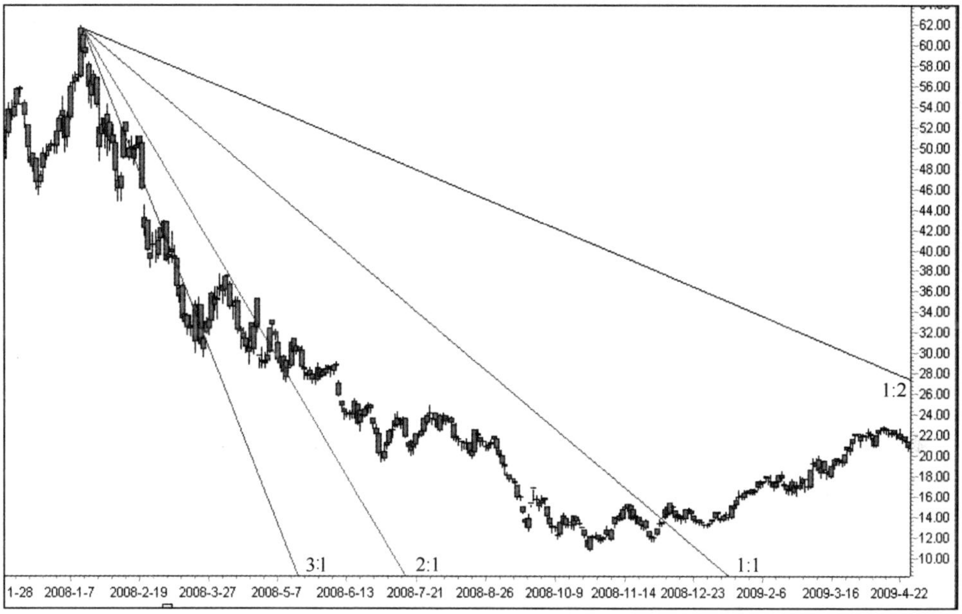

图 4-4　浦发银行高点开始的江恩角度线

其后我们可以在 Gannalyst professional 5.0 中价格工具栏中选下降江恩角度线，如图 4-5 所示。

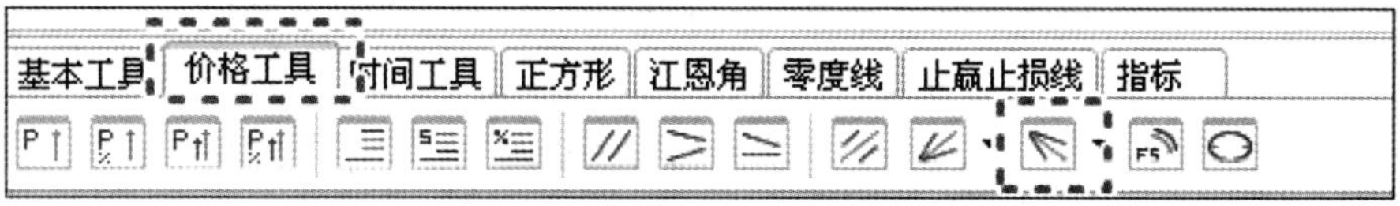

图 4-5　价格工具栏中选下降江恩角度线

软件会画出江恩角度线，其后用鼠标连按两次，会出现如图 4-6 所示的页面，再于【步长】中输入波动率 0.245 点。

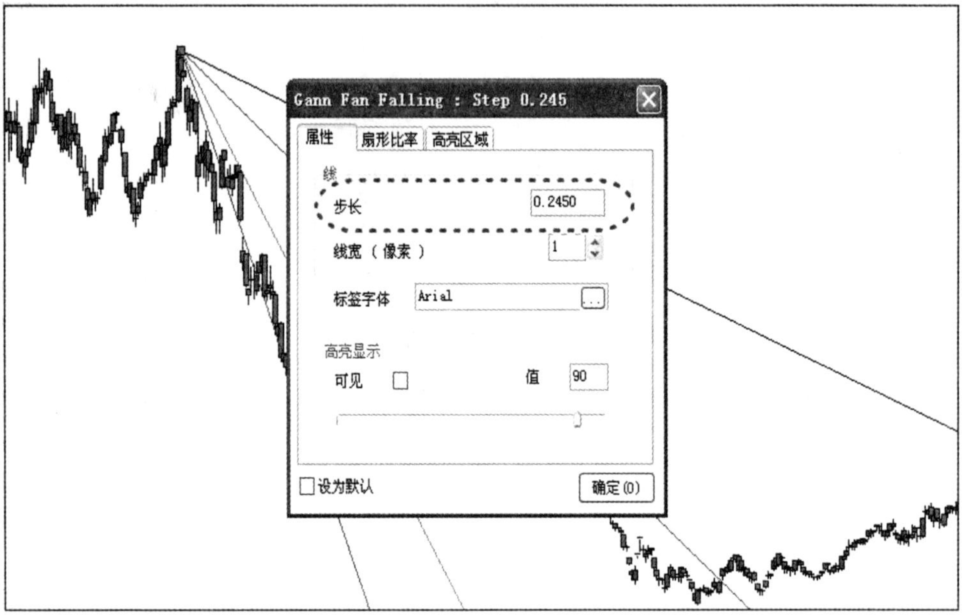

图 4-6　输入波动率

其后在扇形比率中，按 Add Item，并于比率中点击你所需要的江恩角度线，如 1×2，3×1 等，如图 4-7 所示，结果显示在图 4-8 和图 4-9 中。

如图 4-8、图 4-9 所示，浦发银行在 2015 年 6 月 5 日见高 19.17 元，其后开始下跌以此为重要顶部开始画江恩角度线。利用顶部与顶部计算波动率的方法，即 2015 年 6 月 5 日的顶部及 2015 年 5 月 27 日的顶部差，除以交易天数得出波动率为 0.05 点。我们会发现浦发银行大跌时会沿着 3×1 及 2×1 中间的通道行走，其后触及 3×1 线见底反弹，投资者可以以上穿 2×1 及 1×1 线作为见底信日买入。

再比如万科 A，如图 4-10 所示，万科 A 在 2009 年 7 月 24 日上涨到 14.68 元见顶，利用固定的波动率 0.1 点画出江恩角度线，可以看到万科 A 每当遇见江恩角度线阻力后反转。短线操作者可以以此进行波段交易，将利润最大化。

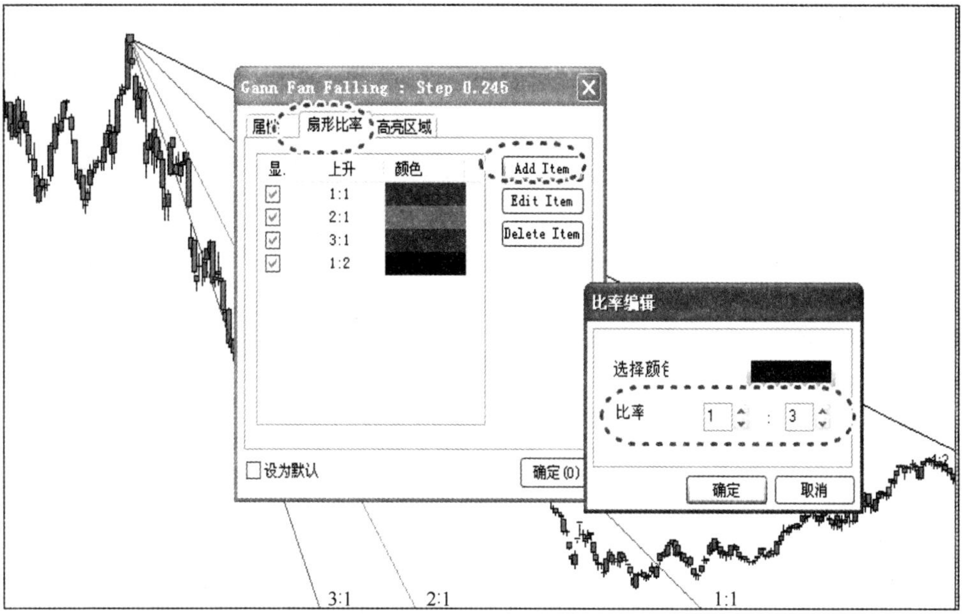

图 4-7 输入扇形比率

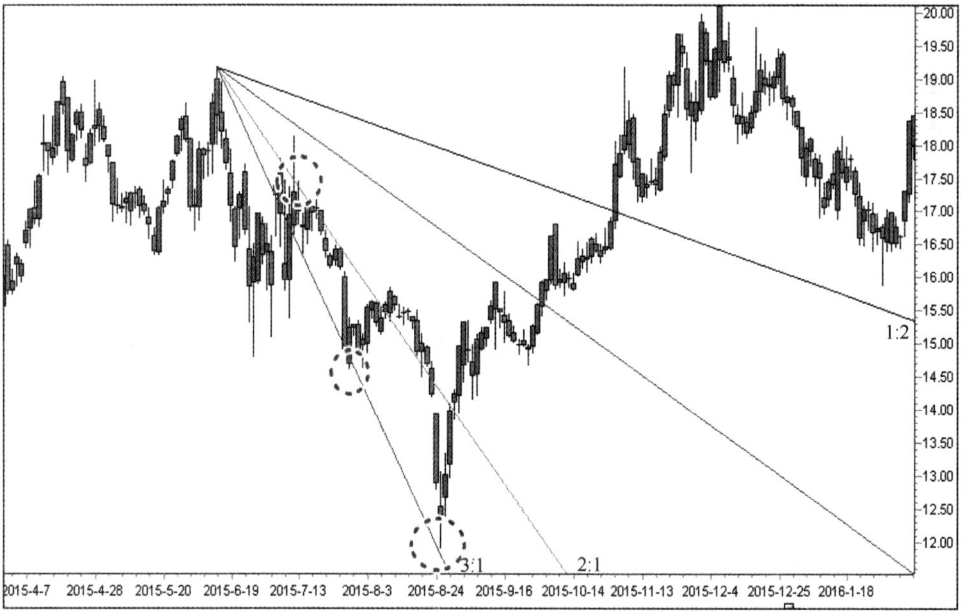

图 4-8 浦发银行

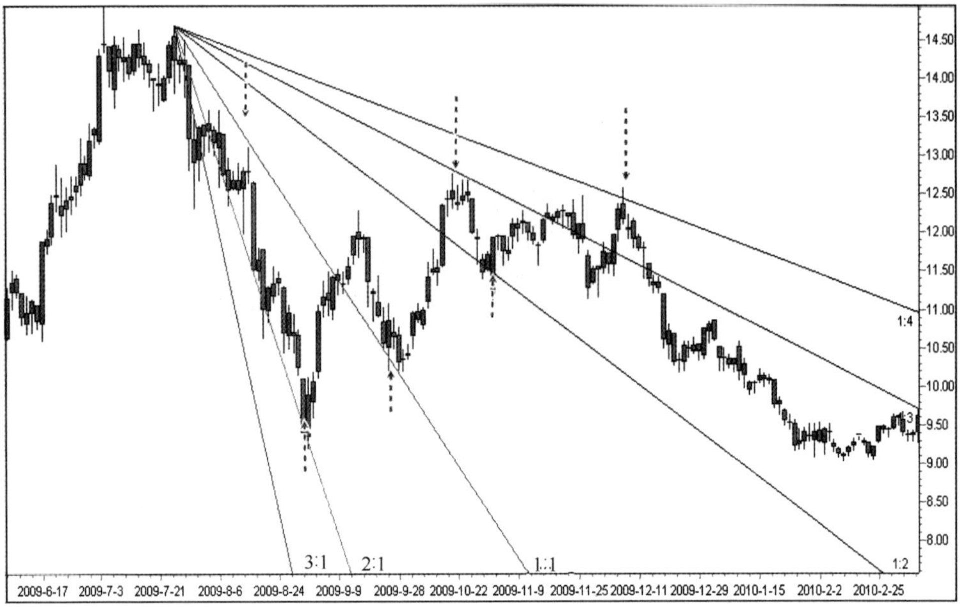

图 4-9　浦发银行下降江恩角度线日线图

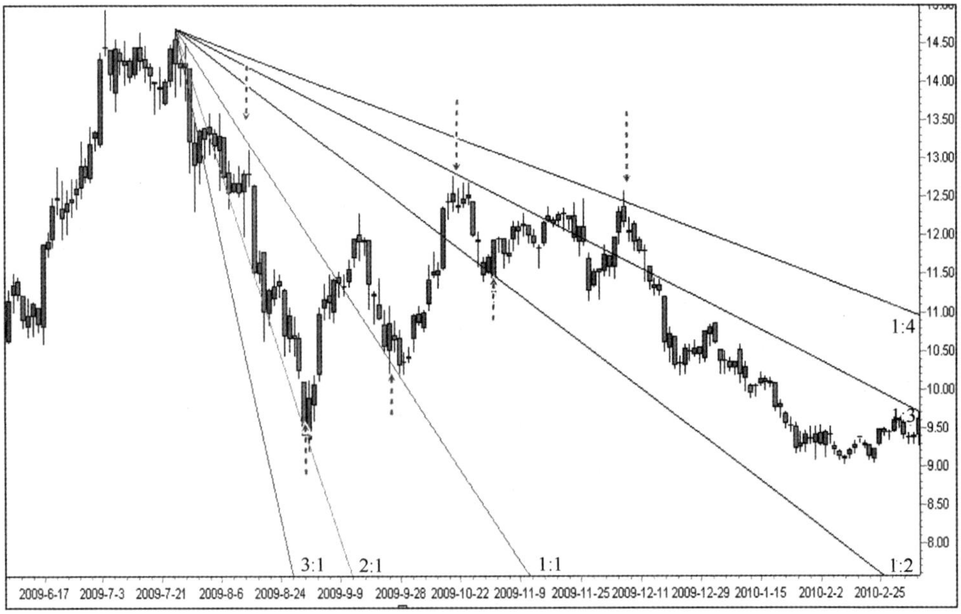

图 4-10　万科 A 下降江恩角度线日线图

(2)由重要底部画出江恩角度线。

由重要底部开始画江恩角度线是一种最常见的江恩角度线画法，我们首先要确定正确的起点，其后要计算出波动率。底部可以是历史上一些长期重要底部，或是一些次级的重要底部。在短线的走势中，近期造成的低点也可以作为画江恩角度线的起点之一。以 2014 年 11 月 20 日在香港上市的安硕 A50 下跌至 9.16 见底开始反弹。用底部与顶部计算波动率的方法计算，即：上升波动率=(其后显注的高点-最显注的低点)/两点之间时间距离，于 2014 年 11 月 17 日底部跟其后的高点 2014 年 12 月 8 日顶部的差，再除以 13 天，得出的波动率为 0.243 点，如图 4-11 所示。

图 4-11 由重要底部画出江恩角度线

其后我们可以在 Gann professional 5.0 价格工具栏中选上升江恩扇，其余步骤同前面介绍的一样，如图 4-12 所示。

如图 4-13 所示，安硕 A50 以波动率为 0.243 点，并由底部开始画江恩角度线。读者会发现安硕 A50 在见底后一直沿 1×1 及 1×2 的通道行走，跌穿 1×2 线后，一直回调到 1×7 线得到支持，其后反弹直至 1×3 线后再次回落，于跌穿上次强力支撑 1×7 线后，再一次开始下跌。其间当该股遇江恩角度线即会回调或支撑反弹。波段短线交易者可以混合其他指标，配以江恩角度线作为买入或卖出的短线交易。

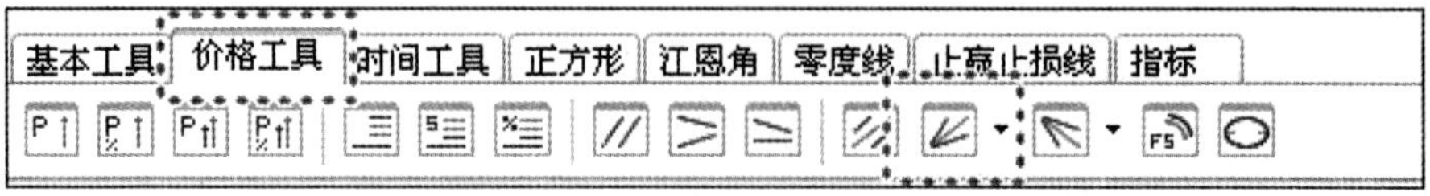

图 4-12　价格工具中栏中选上升江恩扇

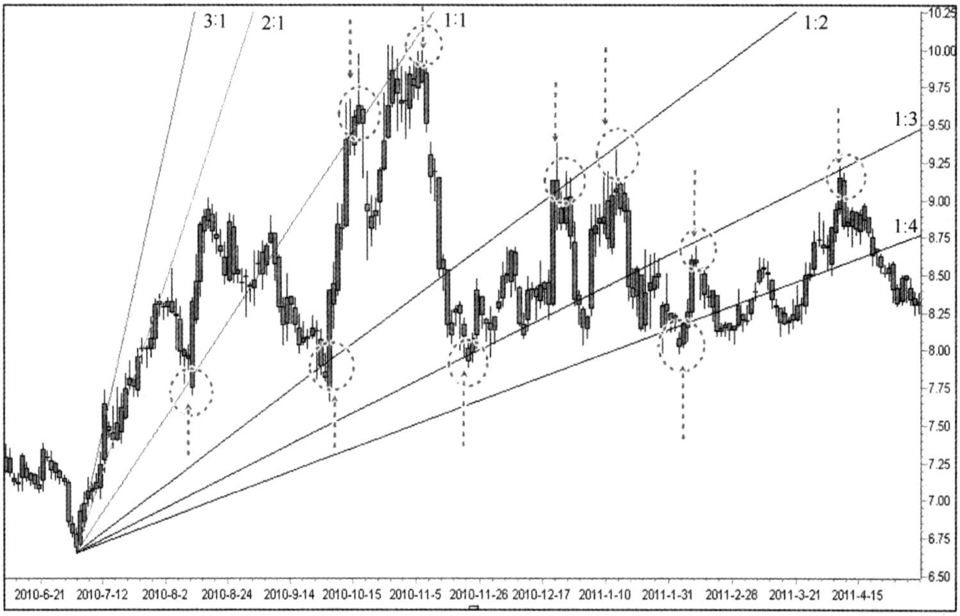

图 4-13　安硕 A50 中国日线图由底部开始画江恩角度线

如图 4-14 所示，万科 A 于 2010 年 7 月 1 日见底。我们用低点—低点或高点—高点的方法计算波动率，得出波动率为 0.042 点，以此画出江恩角度线会发现万科 A 见底后一直沿着 2×1 和 1×1 之间运行，期间跌穿 1×1 线后遇 1×2 线支撑后出现强力反弹。随后再遇 1×1 线回调。之后一直在 1×2 至 1×4 线之间波段运行。

作为交易者判断大盘也是重要的一环。如图 4-15 所示，上证指数在 2008 年 10 月 24 日金融海啸后，一直以低位在底部运行，波动

图 4-14　万科 A 日线图由底部画出江恩角度线

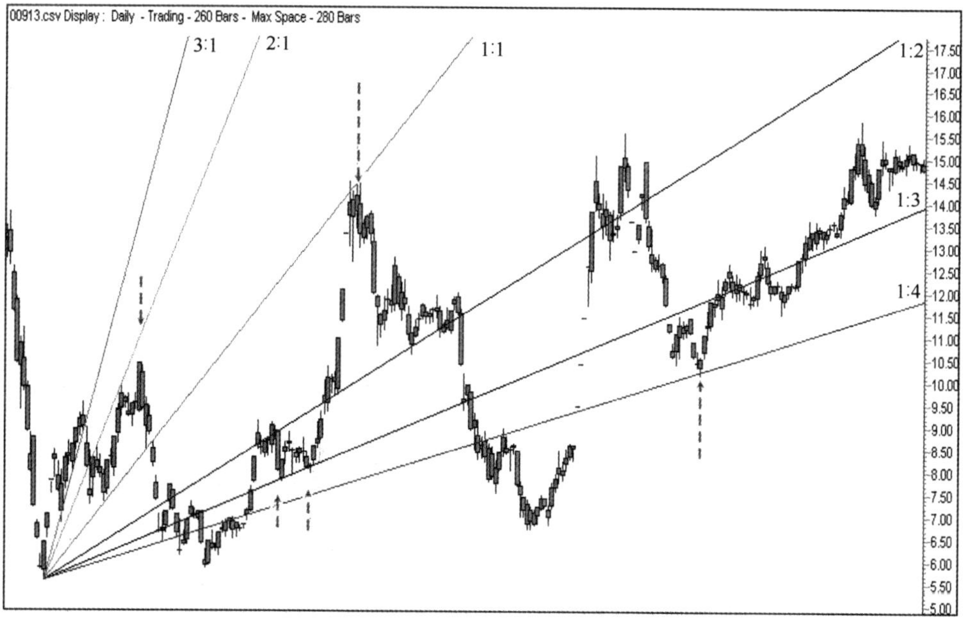

图 4-15　上证指数日线图由底部画出江恩角度线

率设定为 10 点，并由底部画出江恩角度线。可以发现其在 2009 年 8 月上证指数遇 1×1 江恩角度线后回调，并在 1×2 线形成双底后反弹，其后多次试探 1×2 线支撑，最后跌穿。

ST 钱江利用江恩角度线于 2016 年 7 月 8 日分别画出以波动率为 0. 1 点的角度线，并由底部画出江恩角度线。2015 年 11 月 20 日当时 ST 钱江势头正好，但一遇 1×1 线阻力即从高位回落到 8. 65 元，跌幅为 56%，如图 4-16 所示。

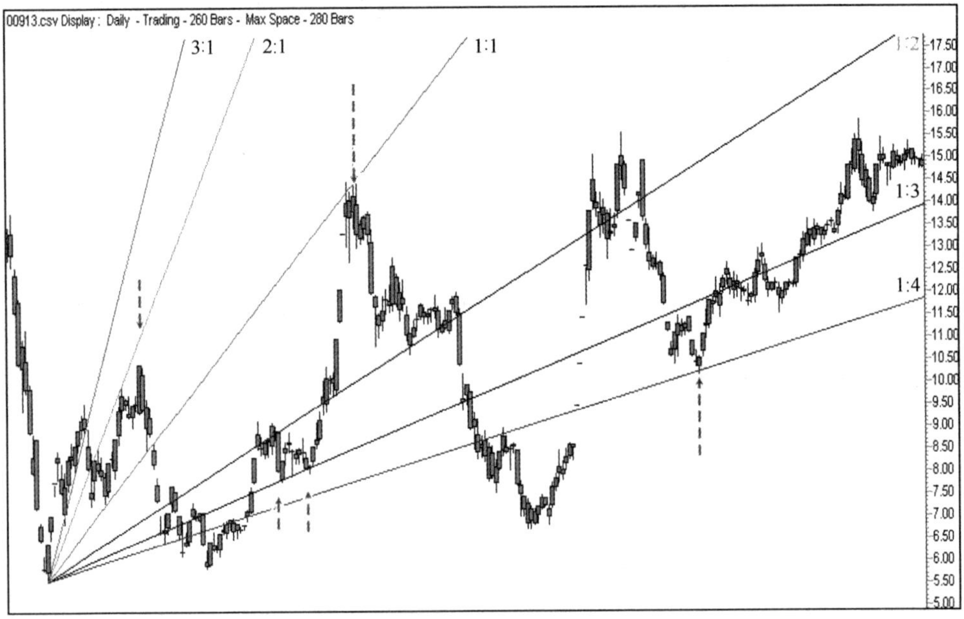

图 4-16　ST 钱江日线图由底部画出江恩角度线

(3)0°角度线画法。

江恩在自己的手稿中总是用绿色的墨水画 0°角度线，并清楚明确注明由 0°角开始。可想而知江恩对 0°角度线的指针相当重视。“0”在江恩理论中，被认为是生命的起源，如《道德经》中所指的“道生一”的“道”。对于一些长期的走势而言，由 0°角开始的江恩角度线往往起着决定性作用，而且 0°角度线很多时候是能预测极端的重要顶部。由底部画出的 0°角度线常常能收到意想不到的效果。0°角度线，如名称一样，是一组由价格为 0 而伸延出来的江恩角度线。

0°角度线的画法在右面的价格刻度中双击鼠标右键，然后把纵轴中设置固定的最小值和最大值中的最小值改为 0，并在 0°的价格位置上，画出江恩角度线即可，如图 4-17 所示。

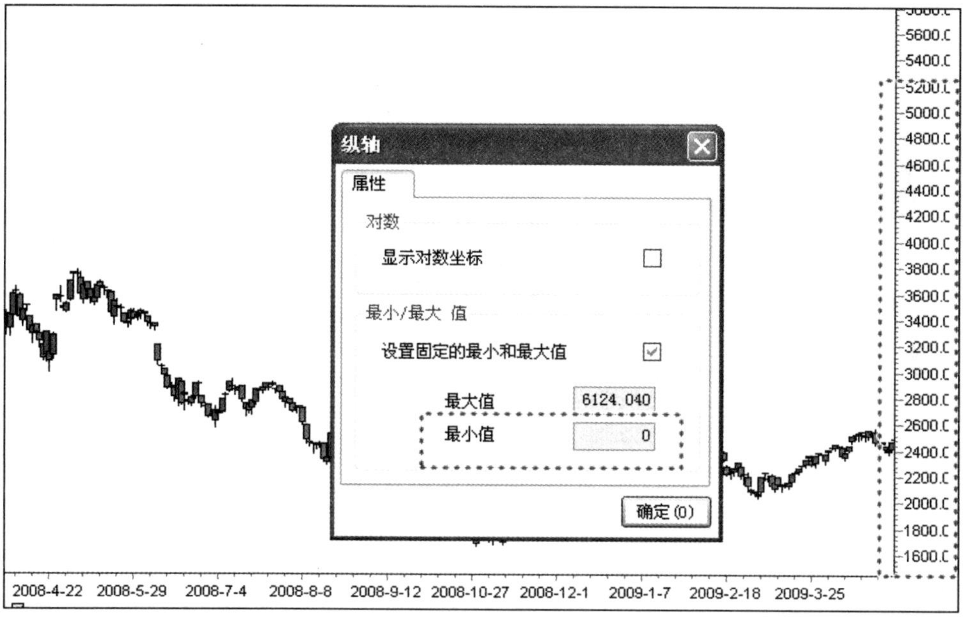

图 4-17 价格刻度最小值中改为 0

判断大盘是操盘手重要的技能。以上证指数在 2008 年 10 月 28 日为低点，在 0°以波动率 100 点画出 0°角度线。在此之后上证指数多次重要的顶与底都无所遁形，包括 2015 年牛市顶部，差仅为 100 点，并一直影响至今，如图 4-18 所示。

如图 4-19 所示，恒生指数于 2009 年 3 月 9 日大跌至 11344 点见底，我们在 11344 点下面的 0°的位置画出一组波动率为 100 点的江恩角度线。这一组江恩角度线一直影响之后几年恒生指数的发展，如 2013 年 11 月 29 日触及江恩 1×5 线见顶回调，其后的 2014 年 3 月 19 日 21485 点和 2014 年 5 月 7 日 21680 点都触及 1×6 线后反弹，及 2015 年 9 月 25 日触及 1×8 线 20368 点后反弹至 23423 点。

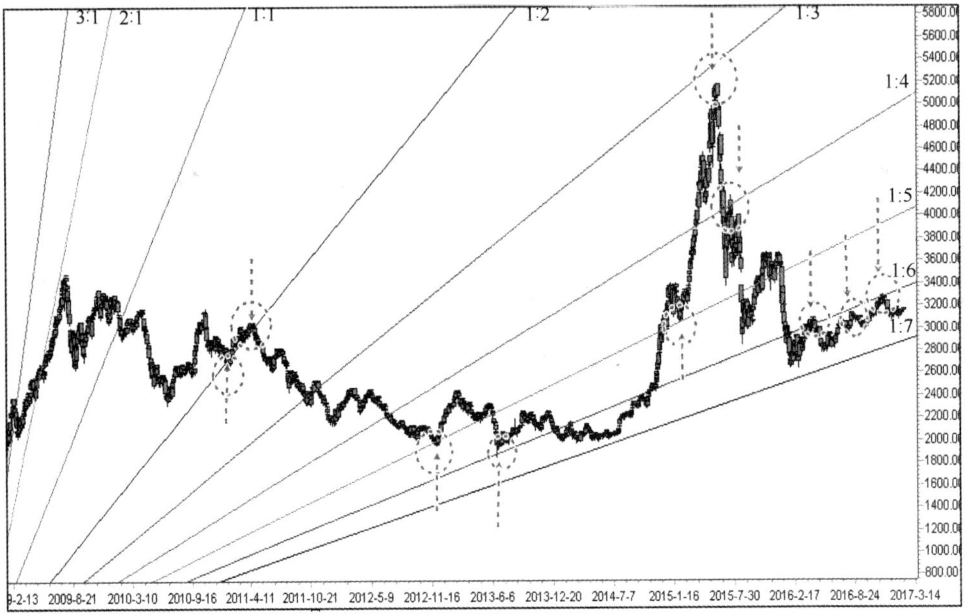

图 4-18　上证指数日线图由 0°画出的角度线

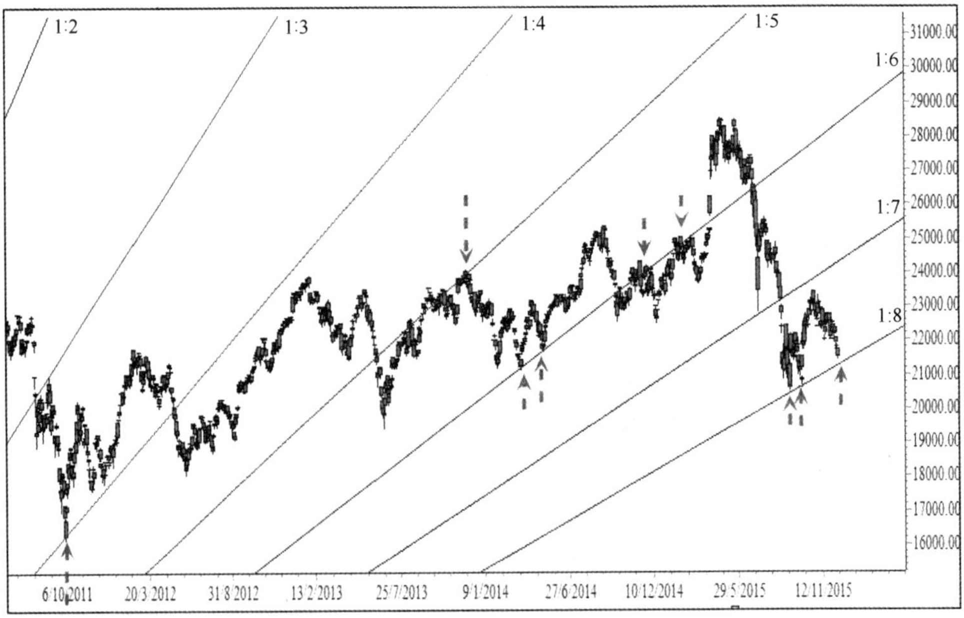

图 4-19　恒生指数日线图由 0°画的角度线

如图 4-20 所示，深证成指同样可以利用 0°角度线分析，并屡立奇功。图中我们在 2008 年 10 月 28 日金融海啸的低点，0°的位置画升波动率为 100 点的江恩角度线。你可以发现之后多次重要高点和低点都是完美地受 0°角度线的支配，而最经典一次是 2015 年的牛市高点 18211 点触及 1×9 线见顶，江恩操盘手应该及时逃顶。

图 4-20 深证成指日线图由 0°画的角度线

(4) 双重底部画出的江恩角度线。

双重底部画出的江恩角度线是一个比较特别的江恩角度线交易方法。如果于双重底部画出的两组同样波动率为 1×1 的江恩角度线，两条 1×1 江恩角度线将形成一条特别通道，商品或指数将会在此通道中运行。我们可以以此作为一个交易及止损系统，只要商品或指数仍然在两条 1×1 江恩角度线中运行，则持有；如果跌穿，即止盈或止损。

如图 4-21 所示，万科 A 分别以 2009 年 4 月 9 日及 2009 年 4 月 28 日两个低点画出两条波动率为 0. 1 点的 1×1 江恩角度线，可以发现万科 A 一直在这两条江恩角度线中运行，直到 2009 年 7 月 29 日跌穿通道的底部，所以止盈，每股可获利约 7 元。

图 4-21　万科 A 日线图双底画出江恩角度线

图 4-22 为格力电器日线图，格力电器分别于 2010 年 11 月 16 日及 2011 年 1 月 24 日形成双底，以固定波动率 0.1 点画出两组江恩 1×1 线，之后可以发现格力电器一直在江恩角度线中运行，直到 2011 年 4 月 26 日跌穿江恩角度线，随后卖出该股票，获利 38%大约 6 元。

(5) 双重顶部画出的江恩角度线。

我们同样可以在双重顶部画出江恩角度线。如果在双重顶部画出两组同样波动率的 1×1 江恩角度线，两条 1×1 江恩角度线将形成一条特别的通道，商品或指数将会在此通道中运行。而有一点需要注意，我们在顶部画出的江恩角度线，波动率固定比例通常是比向上的波动率大。以恒生指数为例，在底部画出的江恩角度线，多数用波动率 50 点，而顶底则用 100 点。而上证指数底部画线多数是 10 点或 20 点，而顶部大多用 50 点和 90 点。而顶部画出的江恩角度线波动率比较大，原因是通常商品及指数下跌时，大多数会出现恐慌及不理性的抛售，所以斜率较大。同时此方法也对预测商品及指数的底部有一定启示。前文一直论及 1×1 江恩角度线是重要的支持及阻力，如果商品

图 4-22 格力电器日线图双底画出江恩角度线

及指数沿着通道运行，并触及底部，就是见底或反弹的信号。

如图 4-23 所示，上证指数在 2009 年 7 月 28 日及 2009 年 8 月 4 日分别创出双顶，在两个顶部分别画上波动率为 50 点的江恩角度线。你会发现，价格一直在江恩角度线之间运行，所以投资者可以顺势沽空，直至上穿江恩角度线后才止盈，约获利 16%。

在美国上市的苹果计算机股份是科技界的一哥，在 2012 年 8 月 27 日及 2012 年 9 月 12 日形成双顶后大跌。我们利用江恩角度线以波动率 2 点画出向下江恩角度线。虽然在其间苹果计算机股份有跌穿过江恩角度线的下方，但多次失而复得。投资者应顺势沽空，直至上穿才止盈，每股获利约 294 美元，如图 4-24 所示。

图 4-25 为联想集团日线图，在 2015 年 4 月 29 日达到 13.68 港元及 2015 年 5 月 21 日的 13.66 港元画出两组 1×1 江恩角度线，波动率为 0.01。可以发现联想集团股价一直在江恩角度线通道中运行，直到 2015 年 8 月 5 日上穿 1×1 江恩角度线，我们坚守纪律，在上穿通道后止盈，如沽空联想集团，以当日上穿通道的最高位 8.56 港元计算，共获利 5.1 港元。

图 4-23　上证指数日线图双顶画出江恩角度线

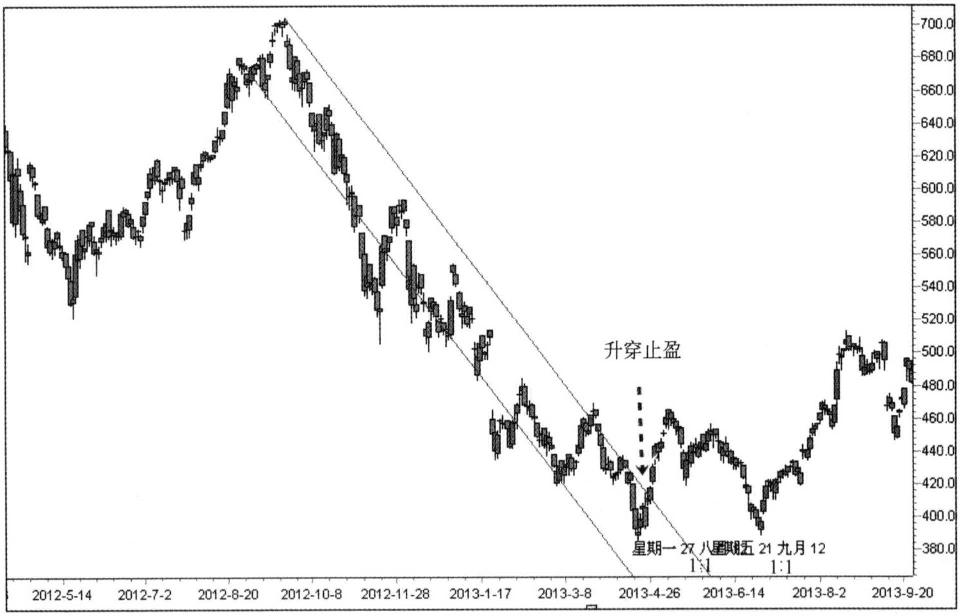

图 4-24　苹果计算机日线图双顶画出江恩角度线

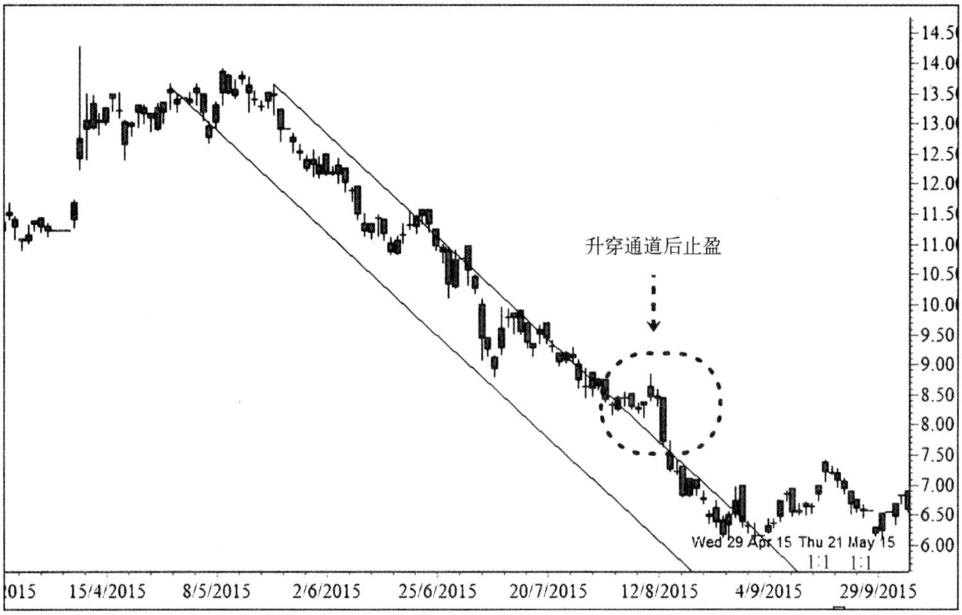

图 4-25 联想集团日线图双顶画出江恩角度线

三、江恩角度线的应用

之前介绍了几种不同常用的江恩角度线画法，包括：①由重要顶部开始画出江恩角度线；②由重要底部画出江恩角度线；③0°角度线；④双重底部画出的江恩角度线；⑤双重顶部画出的江恩角度线。

江恩角度线的起点，一般是以市场重要的顶部与底部开始制作，但对于一些长期的走势而言，由零开始的江恩角度线往往起着决定性影响。

江恩角度线同样可以应用于日线图、周线图及月线图等，交易者应绘制不同的周期的图表，互相参考。对于长期走势而言，周线图及月线图比较重要；就短线而言，日线图及小时图等则对于短线走势描述更贴切。

每一个市场都有其重要的底部及顶部，如果两者用江恩角度线分析市场走势的话，两组江恩扇形线便互相交迭。而两组江恩角度线相交的位置，则形成强力支持或阻力，及于时间上成了转势的日子，对此介绍会在其后“时间篇”中论及。

如图 4-26 所示，我们可以在顶及底部画上江恩角度线。而当中两线相交，重要性如以下排列：

第一是，1×1 与 1×1 相交；

第二是，1×2 与 2×1 相交；

第三是，1×3 与 3×1 相交；

第四是，1×4 与 4×1 相交；

第五是，1×1 与 1×2 或 2×1 相交；

第六是，1×1 与 1×3 或 3×1 相交；

第七是，1×1 与 1×4 或 4×1 相交；

第八是，1×2 与 1×4 或 4×1 相交。

应用江恩角度线，使用方法十分简单，若市价下破一条上升江恩角度线时，市价将下探下一个角度的江恩角度线支持。相反，若市价上破一条下降江恩角度线，市价将进一步上探更高角度的江恩角度线。

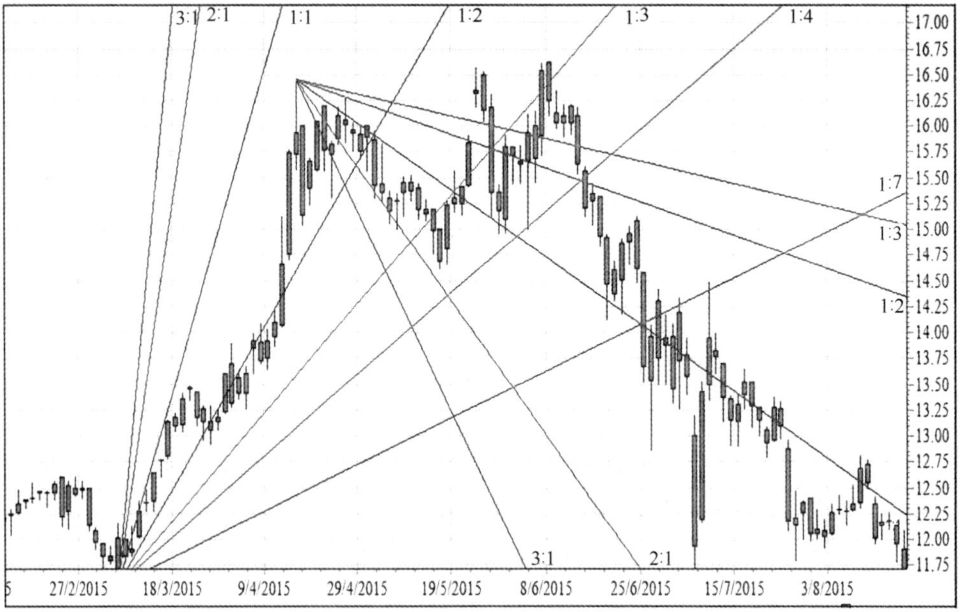

图 4-26 江恩角度线两线相交

四、小龙江恩平均线波段交易

读者读完本书之后，应集各家所长而建立起自己的交易系统，从而提高自己的交易能力。笔者在此向广大投资者介绍一套笔者独有的，利用江恩角度线及移动平均线建立的一个简单的波段交易系统，即：小龙江恩平均线波段交易系统。

此系统是由10日移动平均线及52日移动平均线和江恩角度线组成。10日移动平均线是广大投资者都经常参考的线，是重要的心理关口。而52日移动平均线是江恩理论中一个重要的数字，配上江恩角度线做成的波段交易系统，简单而且威力无穷。此交易规则有以下4个特点：

(1)当股票或商品遇江恩角度线支撑，而走势上穿10日移动平均线则买入，直至跌穿52日移动平均线为止损或止盈。

(2)当股票或商品遇江恩角度线阻力，而走势跌破10日移动平均线则沽出。

(3)当10日移动平均线与52日移动平均线相交时加注买入，并以跌穿52天移动平均线为止损或止盈。

(4)上穿10日移动平均线，但其后又跌穿之后则止损。

如图4-27所示，2014年10月30日浦发银行10日线上穿52日线时坚决买入，并在此以波动率为0.05点画出向上的江恩角度线。之后2015年1月23日遇江恩角度线阻力，并且跌穿10日线卖出。之后遇上江恩1×1角度线支撑，上穿10日线后买入；之后一直顺势持有至2015年6月26日10日线跌穿52日线卖出。直至2015年8月28日前几个交易日遇江恩角度线支撑并且于今日上穿10日线坚决买入，并在10日线升穿52日线当日再坚决加注买入。并在2016年1月8日因10日跌穿52日坚决卖出获利了结。

如图4-28所示，2010年8月2日包钢股份10日线上穿52日线时坚决买入，并在之前的低点以波动率为0.01点画向上的江恩角度线。在2010年11月23日遇江恩角度线阻力，并且跌穿10日线卖出。之后遇江恩1×1角度线支撑，并上穿10日线买入；之后一直顺势持有至2011年7月26日10日线跌穿52日线卖出。直至10日线上穿52日线时再坚决加注买入。

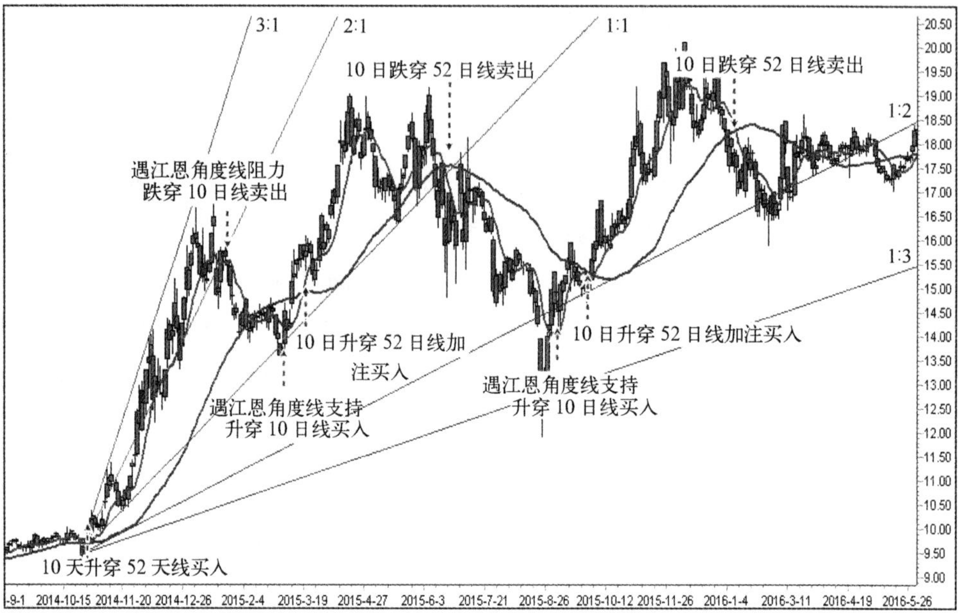

图 4-27　浦发银行平均线波段交易策略

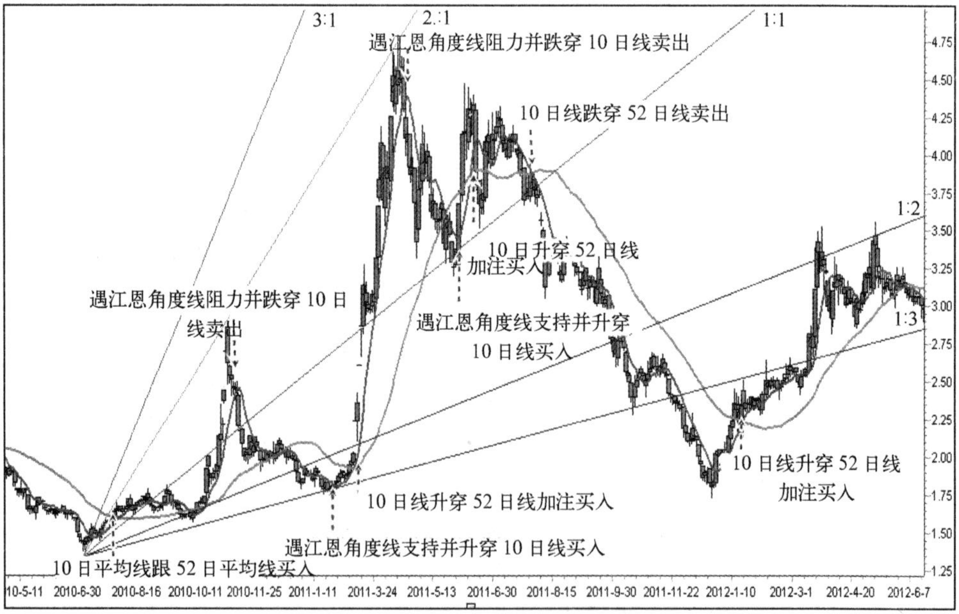

图 4-28　包钢股份平均线波段交易策略

如图 4-29 所示，以苹果计算机为例，2011 年 11 月 28 日当 10 日线上穿 52 日线时买入，一直顺势持有上升至 3×1 线并跌穿 10 日线时止盈，获利约 58%。随后耐心等待至 2012 年 6 月 22 日在 10 天线上穿 52 日线时再次买入，并在 2012 年 10 月 11 日当 10 日线跌穿 52 日线时止盈，获利约 13.72%。之后苹果计算机股价一路下跌了 269.21 美元才见底。如配合期权交易获利将以几十倍计算。

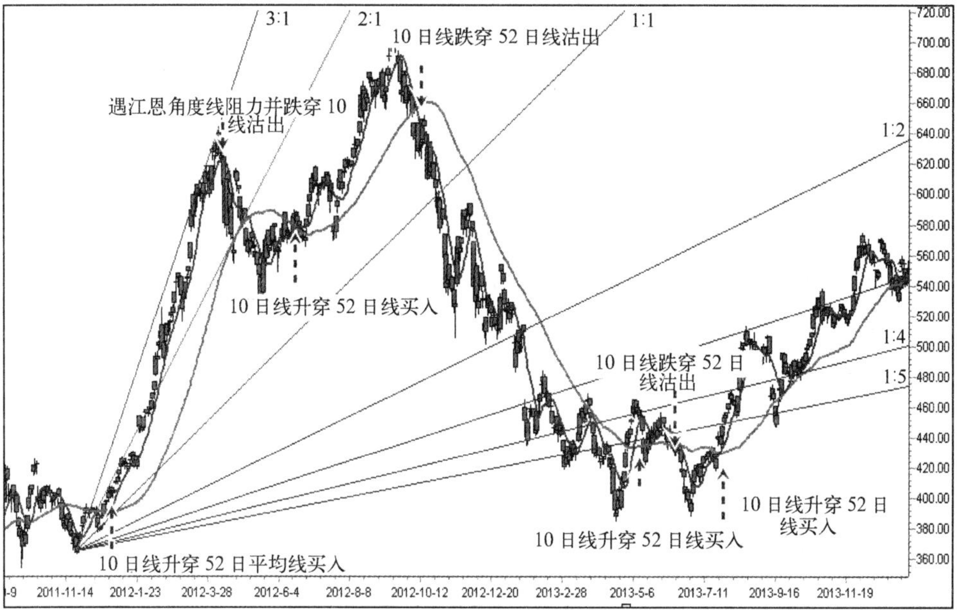

图 4-29　苹果计算机平均线波段交易策略

当然此方法只是其中一种，而每个交易系统都有弱点。例如本交易系统则最怕细小波幅的市场状况。所以投资者不能墨守成规，必须灵活应用。

五、江恩百分比

有别于坊间的黄金比率，在江恩理论中，有一个与黄金比率相似的量度价格比率工具，我们称它为江恩分割比率，又称江恩百分比。

江恩分割比率又称江恩百分比，是指一种用来计算指数或者是个股支撑和阻力的工具，属于江恩理论价格工具。百分比有三种画线方法：3 分法、4 分法及 8 分法。百分比线是将上一次行情中重要的高点和低点之间的涨跌幅按 1/8、2/8、1/3、3/8、4/8、5/8、2/3、6/8、7/8、8/8 的比率画出百分比线。在各比率中，4/8 最为重要，1/3、3/8、5/8 及 2/3 四条距离较近的比率也十分重要，往往能起到重要的支撑与压力位的作用。图 4-30 展示了江恩百分比及江恩角度线的关系。

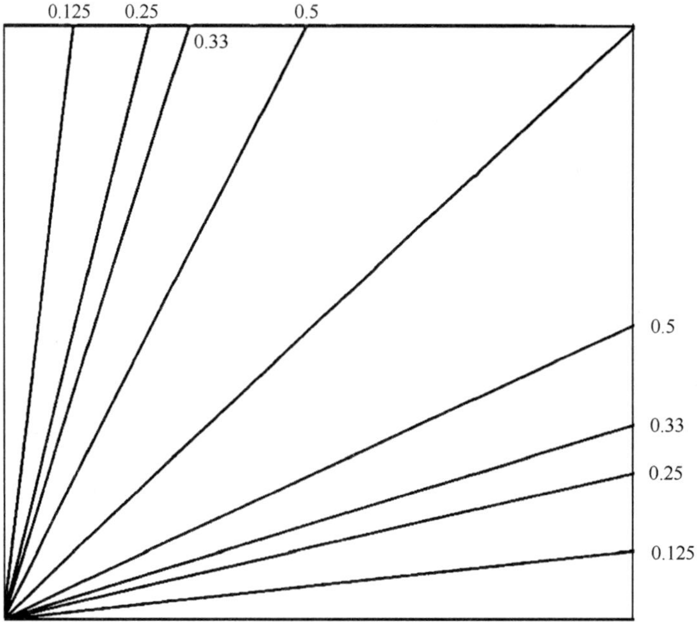

图 4-30　江恩百分比及江恩角度线

将一个圆分为 8 份，将所对应的角度关系为：1/8 = 12.5%、2/8 = 25%、1/3 = 33%、3/8 = 37.5%、4/8 = 50%、5/8 = 62.5%、2/3 = 67%、6/8 = 75%、7/8 = 87.5%、8/8 = 100%。

江恩二分：将一个圆分为 2 份，即 0°和 180°，4/8 = 50%。

江恩三分：将一个圆分为 3 份，即 0°、120°和 240°，1/3 = 33.33%、4/8 = 50%和 2/3 = 66.67%。

江恩四分：将一个圆分为 4 份，即 0°、90°、270°和 360°，2/8 = 25%、4/8 = 50%、6/8 = 75%和 8/8 = 100%。

而我们通常使用八分法。八分法百分比线是将上一次行情中重要的高点和低点之间的涨跌按照 1/8、2/8、1/3、3/8、4/8、5/8、2/3、6/8、7/8、8/8 的比率生成百分比线。而江恩百分比即为 12.5%、25%、33%、37.5%、50%、62.5%、66.6%、75%、87.5%、100%。

江恩理论被认为是一个完整的 360°周期，即一个圆圈。用不同的分割比率去分割，均会产生不同的共振及共鸣。江恩波动率基础理论与音乐七个音阶在频率上存在比率关系。例如：D 约是 C 的 1/8 倍，E 约是 C 的 1/4 倍。当不同的频率形成的 1 倍、2 倍、3 倍、4 倍、8 倍都会产生共鸣。换言之，音阶是以 1/2、1/3、1/4 及 1/8 的形式产生共鸣。顺理成章，频率的 1 倍、2 倍、3 倍、4 倍、8 倍也会产生共鸣。上述比率及倍数，正是江恩分割比率，或江恩百分比。同时江恩百分比也是源自占星学。如占星学中有 4 分相，3 分相等，即是将一个完整的周期分作 4 分或 3 分。如图 4-31 所示，是占星学上形成 4 分相及 3 分相的星盘。

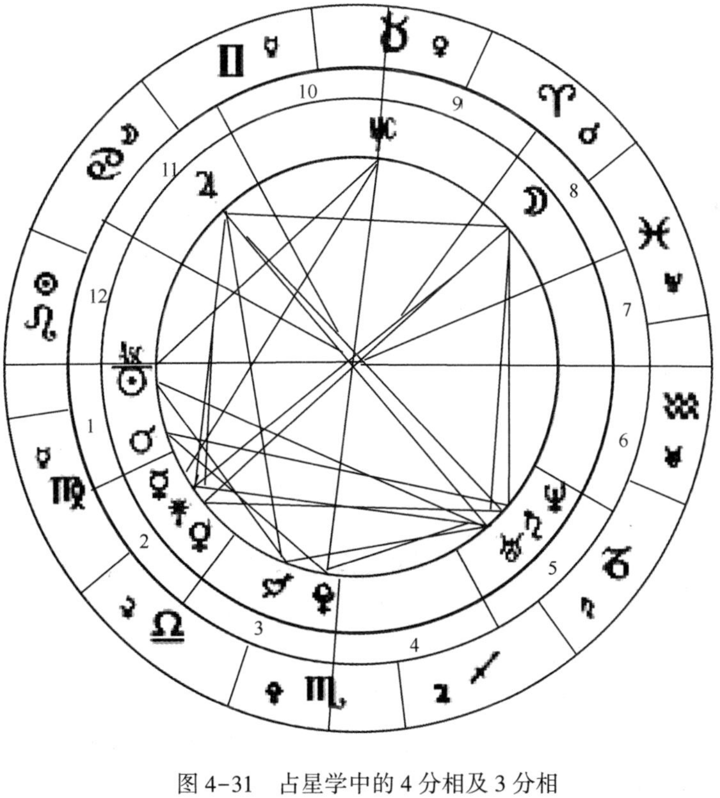

图 4-31　占星学中的 4 分相及 3 分相

(1)江恩百分比与几何的关系。

百分比同样与江恩角度线同出同源，互有对应。如表 4-2 所示，百分比所对应的江恩角度线列表，其中 50%即为 1×1 线，为最重要的百分比，也是最重要的支撑位及阻力位。我们会在其后用一章节来讲解 50%的百分比用法。

表 4-2 江恩百分比与江恩角度线的关系

价格	百分比(%)	几何角	江恩角度线
1/8	12.5	7.5°	8×1
2/8	25	15°	4×1
1/3	33	18.25°	3×1
3/8	37.5	26.5°	2×1
4/8	50	45°	1×1
5/8	62.5	63.25°	1×2
2/3	67	71.5°	1×3
6/8	75	75°	1×4
7/8	87.5	82.5°	1×8
8/8	100		

表 4-2 展示了江恩百分比与江恩角度线的关系。我们画黄金比率或江恩百分比，如图 4-32 所示，在 Gannalyst professional5.0 上选【价格工具】中的【扩展尺%】。

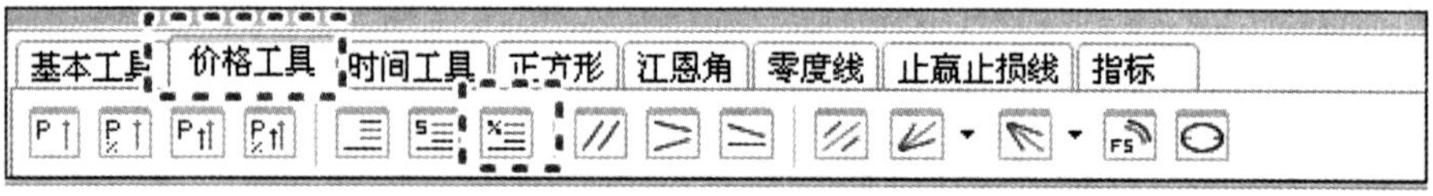

图 4-32 价格工具中的扩展尺%

在反弹浪时，我们应该由底部向顶部画一组黄金比率或江恩百分比线。反之在下跌浪时，我们由顶部向底部画一组黄金比率或江恩百分比线，如图 4-33 所示。

如图 4-34 所示，在比率线中双击鼠标右键，在 Extensions 中点开 Add Item，然后输入黄金比率或江恩百分比。如 0.618，即输入 61.8；如 0.66，则输入 66.6。

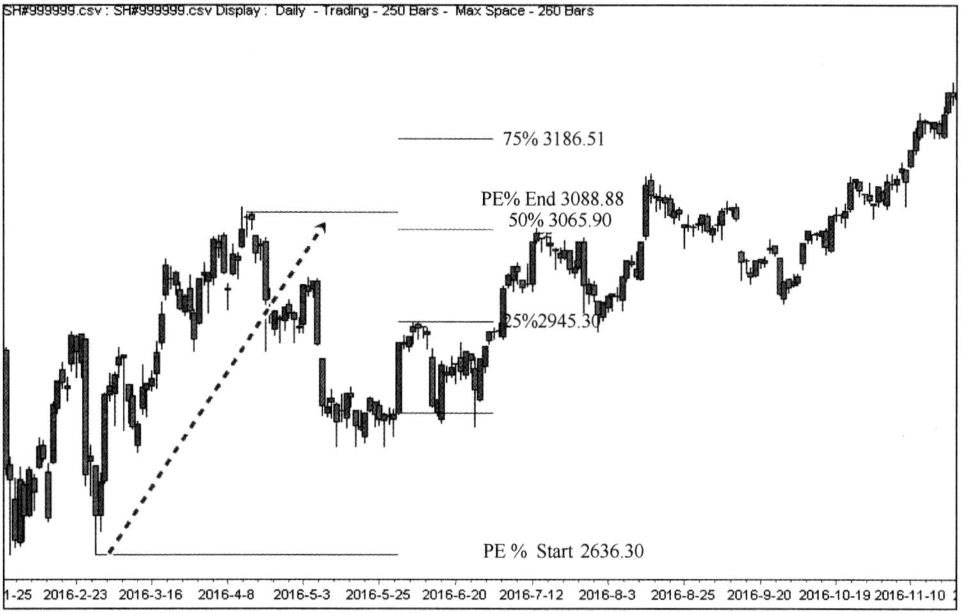

图 4-33 由底部向顶部画一组黄金比率或江恩百分比线

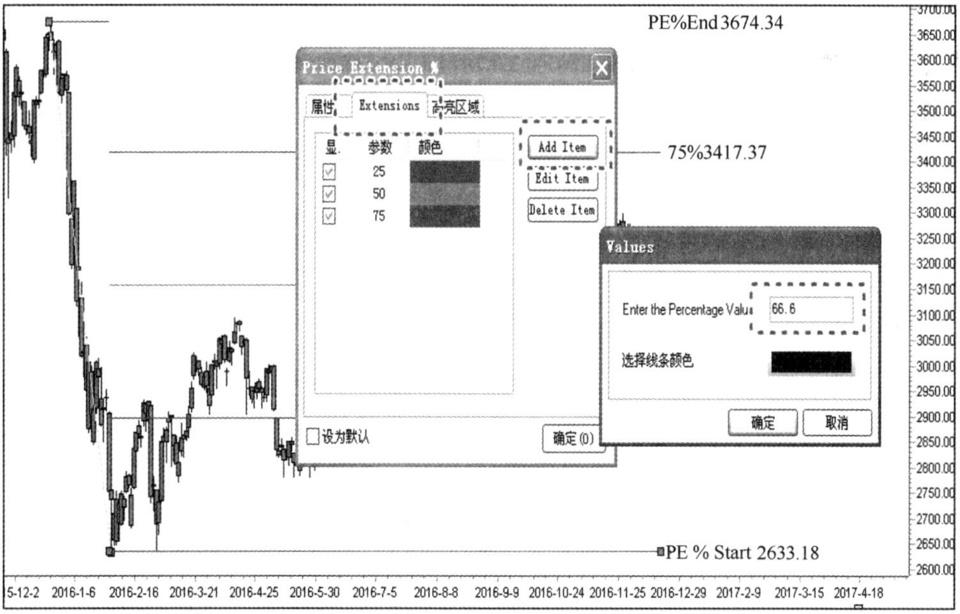

图 4-34 输入黄金比率或江恩百分比

图 4-35 为上证指数日线图。上证指数在 2015 年 12 月 23 日见顶后开始回调，我们用江恩百分比预测回调位置，在 2016 年 1 月 27 日的底部 2638 点下拉出的一组江恩百分比。我们可以看到上证指数一直反弹上涨 50%才回调，之后再次上涨 33.3%到 2969 点后回调，其后再次反弹上涨 50%后略为调整，再次挑战 62.5 的位置，即 3299.65 点。

图 4-35　上证指数日线图由底部画出的一组江恩百分比线

图 4-36 同样为上证指数日线图，从 2014 年 10 月 27 日的低点开始至 2015 年 A 股大牛顶部的 5176 点，画出一组江恩百分比线。其后上证指数指数回落时，仍然依据此组江恩百分比运行，如上证指数跌至 33.3%之前反弹至 66.6%和 62.5%形成双顶，之后下跌至 25%约 3000 点左右又反弹 50%左右再次形成双顶回调。

(2)江恩百分比与 50%百分比回调带战法。

预测准确不代表执行上正确，很多时候投资者因操作时机、情绪等影响了判断及执行。即使预测的准确，最后都是以失败收场。江恩在老年时，重新检讨了自己的交易系统，将自己 45 年来的经验总结成江恩 12 条规则，而 12 条规则中有一条是市场波动的百分比买卖，

图 4-36　上证指数日线图由底部拉出的一组江恩百分比线

而本节会集中讲解 50%回调带。

12 条规则中有一条买卖规则是根据百分比买卖的，里面提及有两种入市买卖的方法：①若市场状况在高位回吐 50%，是一个买入点；②若市场状况在底位上升 50%，是一个卖出点。这只是概括地指出 50%是重要的点位，那为什么 50%在江恩理论中那么重要？前文提及，而当中 50%，即为 1×1 线，为最重要的百分比。而我们可以利用 50%百分比，作出一个短线出入市的指标。经过多年交易经验，我将 50%回调作为一个交易策略，简称为：50%百分比回调带战法。

50%回调带战法很简单，若市场状况在底部上升 50%，我们卖出股票；当市场状况在高位回调 50%，可以考虑买入股票。同样，如跌穿则作为止损的根据，反之亦是如此。

如图 4-37 所示，2015 年 5 月 26 日恒生指数于 28524 点开始下跌，一直跌至 2015 年 7 月 8 日的 22870 点。我们利用 50%回调带战法去作出交易指针，以高点跟低点画出一组只有 50%百分比回调带。其后由低位反弹的时候，我们以 50%为第一个反弹目标，结果大市于 22870 点到底后，一直后弹到50%即25656点后回调，并没有再向上突破。

图4-37　恒生指数50%回调带

如图4-38所示，我们根据2015年7月8日的22870点的低点，以50%或25656点的中间再画上一个50%百分比回调带。其后大市回调到新的50%百分比回调带，即24260点，之后反弹最高到2015年8月11日的24924点，而24924点正好是跟24260及25656两个50%百分比回调带所产生的50%百分比回调带24972点相差48点。根据50%策略在大市跌至24260点第一个50%百分比买入，其后反弹到两组50%百分比所引出的新的50%百分比回调带24972点卖出股票，而后跌穿24260点，确认后弹结束。结果恒生指数向下急跌至2015年9月8日20524点，如图4-39所示。

在图4-40中，ST钱江以2015年的低点5.8元与2015年11月20日高点15.3元画出江恩百分比，你会发现其后回调一到50%支撑位，即10.59元便开始反弹。预测其后期走势投资者可留意是否跌破50%支撑位，如果跌破则跌势会加剧。实际走势的确是在跌破10.59元或50%位置后，则再次展开大跌。

图 4-38 恒生指数在 50%回调带之间再展开 50%回调带

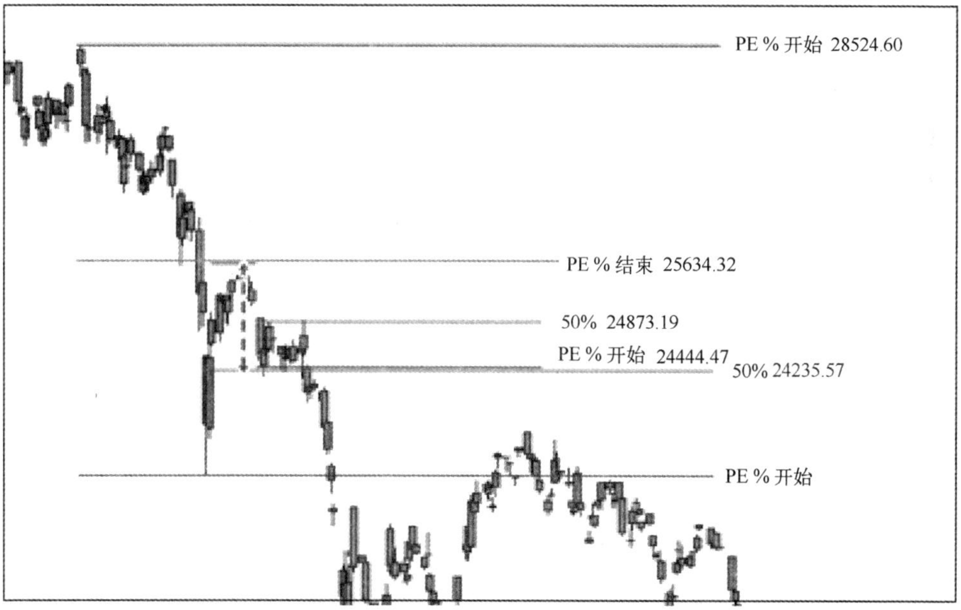

图 4-39 恒生指数在两组 50%回调带之间再展开 50%回调带

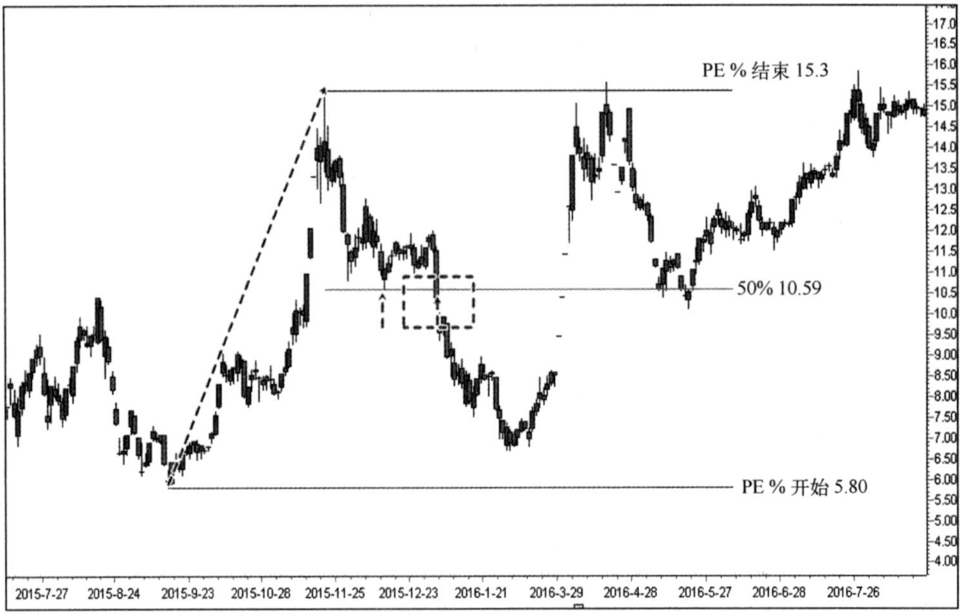

图 4-40　ST 钱江 50%回调带

以香港上市的建设银行为例，如图 4-41 所示，在 2013 年 11 月 19 日见顶后大跌至 2014 年 3 月 21 日见底。根据高点及低点画出一个 50%回调带，会发现建设银行在到底后反弹 50%百分比即 5. 63 港元。根据 50%策略若市场状况在底位上升 50%，是一个卖出点，所以在此卖出股票。

卖出股票之后，什么时候再次进场？如图 4-42 所示，以建设银行 2014 年 3 月 21 日为底部，在 5. 63 港元中间再画一组 50%百分比回调带，结果新的 50%百分比回调带成了新的支撑位，根据策略我们此时应重新进场。其后建设银行突破了 50%百分比，即 5. 63 港元的百分比回调带，确立了上升趋势。之后再次在 2014 年 6 月 13 日高点及 2014 年 5 月 7 日低点画出 50%回调带，我们发现建设银行于 50%，即 5. 58 港元再次获得支撑。

万科 A 在 2011 年 7 月 5 日见顶后回调至 2011 年 9 月 28 日的 6. 88 元，我们在此之间拉出一组江恩百分比，你会发现在此见底后的高点发生在 62. 5%即 8. 21 元，但当天最终跌回 50%即 7. 94 以下收市，之后开始回落，如图 4-43 所示。

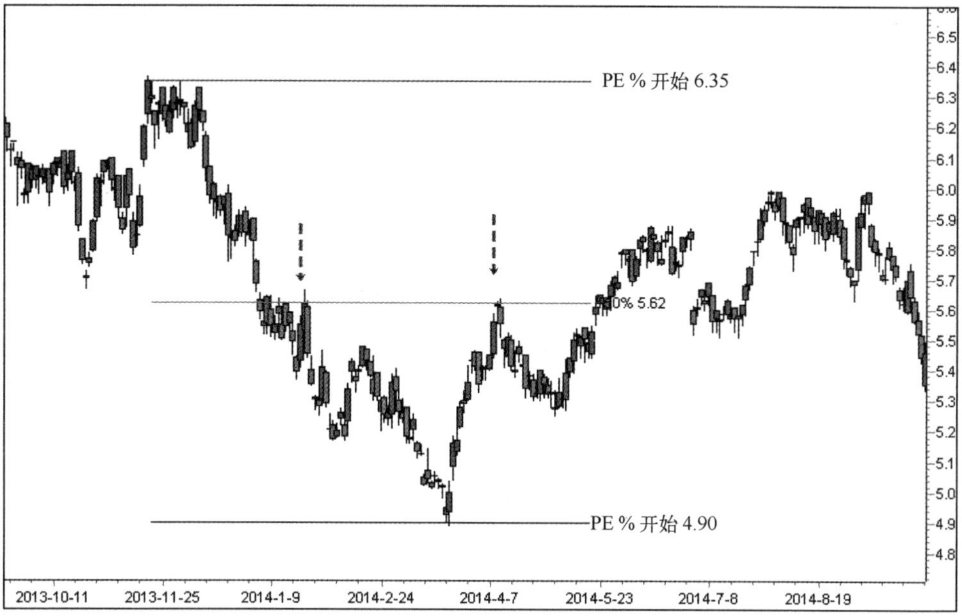

图 4-41　建设银行根据两个不同起点画出的 50%回调带

图 4-42　建设银行根据两个不同起点画出 50%回调带

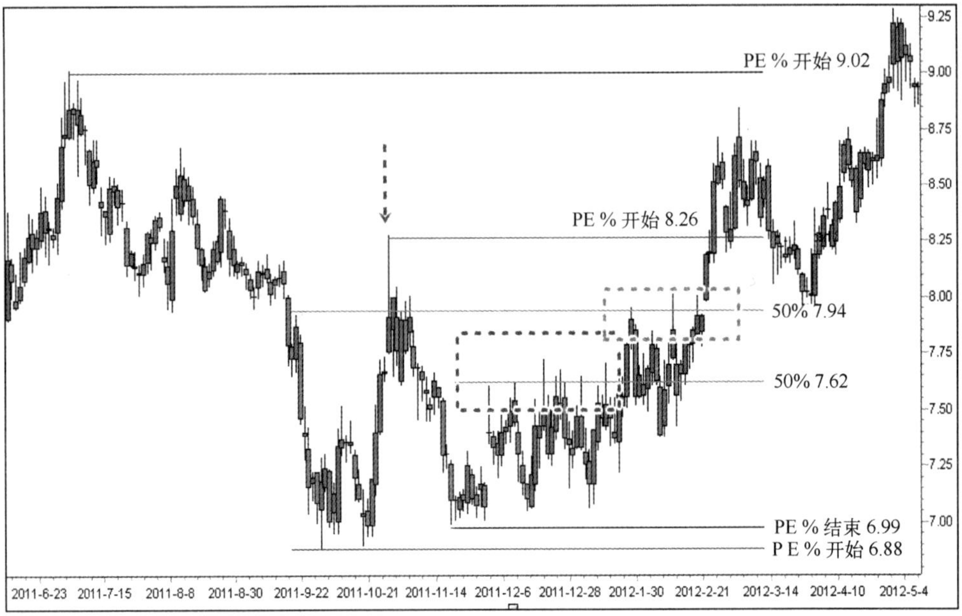

图 4-43　万科 A 两个不同起点画出 50%回调带

我们可在 8.21 元的高点及底点再拉一组江恩百分比，你会发现之后每次反弹都是受制于 50%的百分比。投资者可以在突破 50%即 7.62 元之后追入。

第五章

江恩时间工具

江恩在他的高级课程中强调："时间是决定市场波动的最重要的因素，通过研究平均值或个股的过去走势，你将发现历史是不断重复的，从而可预测未来的趋势。研究时间周期，你将会明白为什么在某些时候能够找到顶部和底部，为什么阻力位在某些时候如此强烈，而这些时间都在底部和顶部附近。大部分投机利润是在快速移动和极端波动时发生的，而这些时间主要在周期结束的时候。"

一、江恩时间理论

我们的心跳是一个有节奏的周期。在我们的世界包含了数百个类似的周期，出现重复的可预测的规律性。

1. 江恩与占星学

在江恩的手稿中经常发现占星学的踪影，图 5-1 是江恩用占星学预测鸡蛋价格走势的手稿。江恩曾说："我们拥有一切天文学及数学上的证明，以决定市场的几何角度为什么及如何影响市场的趋势。"江恩理论大部分的篇幅都建立于占星学上。而江恩的公司 Lambert-Gann 公司的标志就是占星的图案，乐为人道的爱情小说《Tunnel Through the Air》更是字字玄机，单是主角 Robert Gordon 的生日 1906 年 6 月 10 日这个日子，当时出现我们中国人所说的五星连珠的星象位，火星、木星、太阳、水星及冥王星集结在双子座 17 至 22 至之间，Robert 出生前两个月，旧金山发生了大地震，而一年后的春天绵花收成有困难以及到了秋天又发生了金融恐慌。

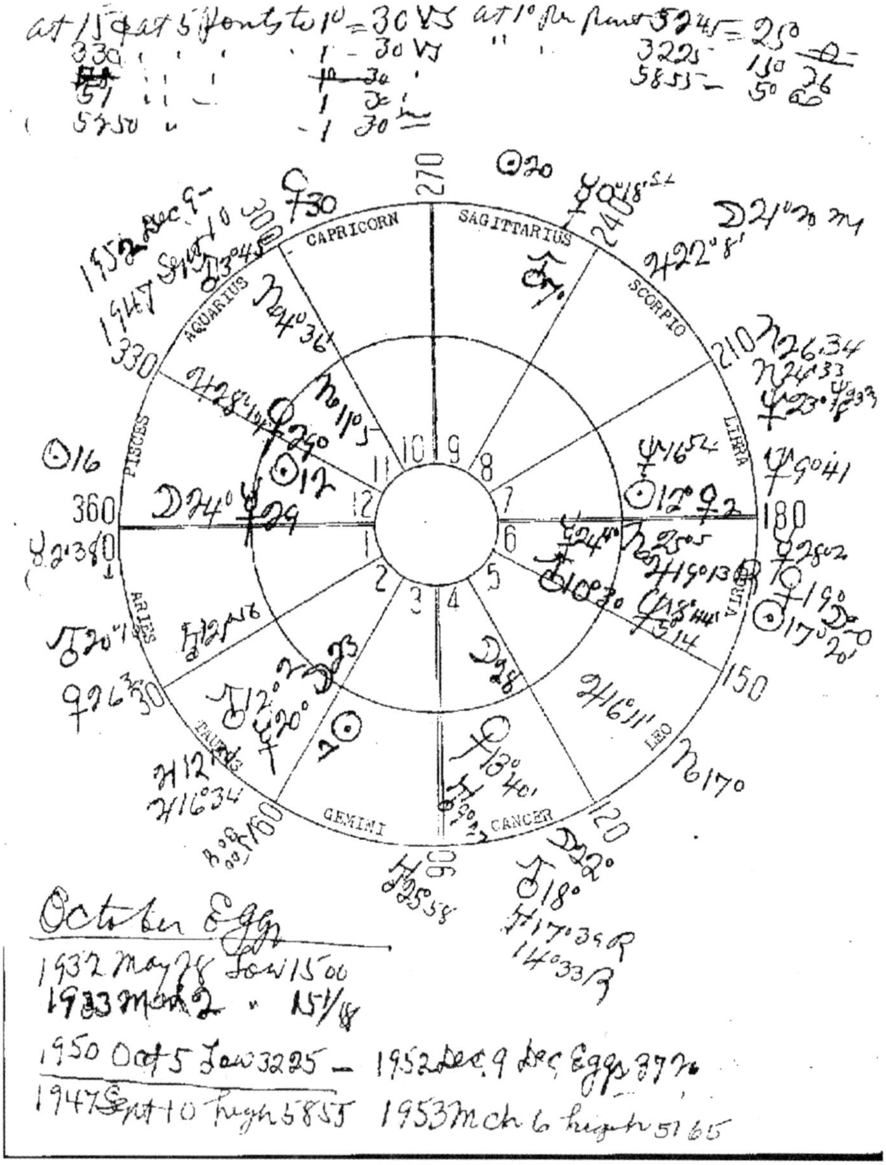

图 5-1　江恩用占星学预测鸡蛋价格走势的手稿

J. P. 摩根曾说过，“任何人都可能成为百万富翁，但要成为亿万富翁，您需要占星家”。金融占星学(Financial Astrology)是用天体的相对位置和相对运动（尤其是太阳系内的行星的位置）来解释或预言指数及商品在投机市场走势系统。它试图利用天体的位置来解释人的性格和命运。此学说认为太阳和月亮引导着地球的潮汐，而人体的87%以上是水，因而同样受到影响。而这些磁场的变化会引起人体化学和神经反应，从而改变人的认知。而江恩正是此派学说中的一位代表人物。

群体的情绪周期直接支配着股市的涨跌。群体情绪处于乐观周期的时候，人们纷纷买入股票，慢慢推动股市上涨，情绪高涨达到极致时，绝大部分人盲目乐观，大部分人都满仓，这时人们的热情到达极致，人类是宇宙中的很小的一份子，是秉宇宙天地之气而生，必然受到宇宙万事万物的影响。而江恩理论中，也有很大部分人指出星象与人类行为和情绪有一定关系。所以研究江恩理论，是另一条路径了解市场情绪（Market Sentiment）的一种方法。

与我们最有密切关系的是月亮，月亮周期影响着地球上的潮汐，生命的荷尔蒙等。如东汉时期王充在他所著的《论衡》一书中则明确指出："涛之起也，随月升衰"。意为潮汐的起落与月亮有关。而月亮周期更是会影响金融市场的走势。在《灵枢·岁露》提到"人与天地相参也，与日月相应也"，认为满月时人的血气积旺，人的情绪处于兴奋状态，而在新月时，人的气血虚薄，情绪也相对低潮。

2006 年 11 月份期的《哈佛商业评论》杂志，刊出一篇名为"都是月亮惹的祸"相关专文，刊出两篇探讨，月亮周期对股市报酬影响的报告。该报告中指出，在阴历的一个月当中，比较接近新月的 15 天，也就是新月的前 7 天和后 7 天，股市投资报酬率，高于接近满月的另外 15 天，两者报酬率相差最高可达到 10%。而且不只美国道琼股市有这个现象，日本、英国、法国等国家的股市，同样都受到月亮的影响。月亮，容易牵动个人情绪。满月时，容易让人沮丧悲观，投资者常常为了避险卖股票，造成股价和投资报酬率下降。

2009 年 12 月麦格里证券汇总 5 个财经中心、14 名资深分析师、审查过去数 10 年间 32 种重要指数所得的数据，总结出一项惊人发现：阴历月份的头尾两日，证券市场的收益比接下来四成还要多。报告总结说："使用自从 1998 年开始的多项指数得出的数据来看，阴历月份转折时，投资收益会有强劲反弹”。“这种效应并不只是亚洲效应，全球都会发生，我们查看的 32 个市场，在阴历月份转折时，全部展现高于平均收益；对这些市场来说，该月其他日子的平均收益较低，或接近零”。

如图 5-2 所示，当新月的时候美国的标普 500 指数见短期高位，而满月的时候美国的标普 500 指数见短期低位。

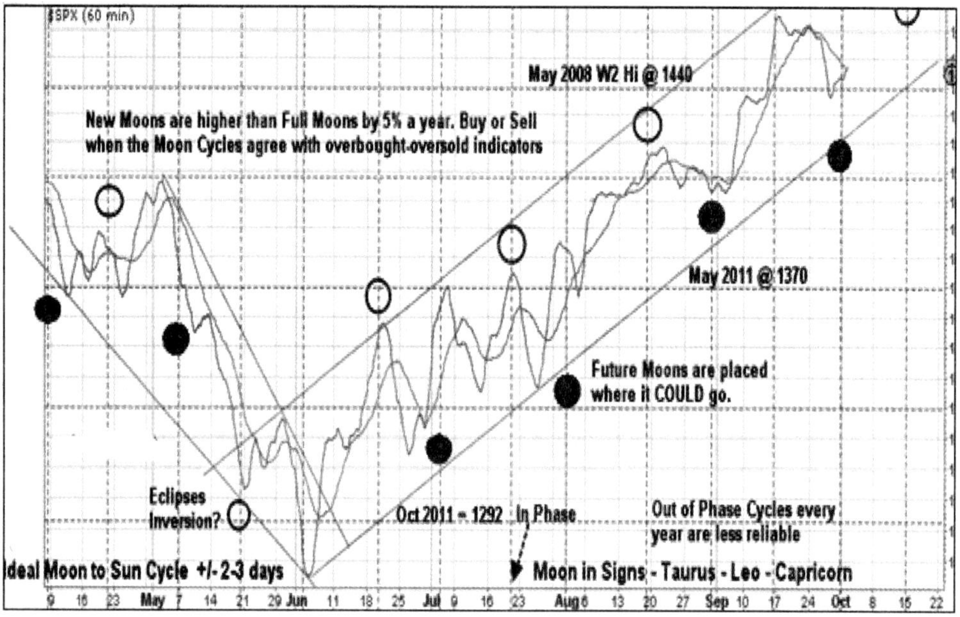

图 5-2　标普 500 指数新月及满月的走势

嘉路兰发明的螺旋历法（Spiral Calendar）更是把月球周期发挥到了极致，嘉路兰用月亮的行走周期，即以塑望月长度 29.5306 天为基础的历法，发明了螺旋历法。

金融占星学中，认为当行星跟其他行星形成特定角度，将会对市场有一定影响。如图 5-3 所示，展视 180°交会（conjunctions），90°直角（Sqares），120°三分一对座（Trines）等相位。他们会根据星历表进行查找，从而找出市场转角。而不同星体有不同的职权，如土星代表紧缩和压力。而木星代表经济和扩张。而图中左面的是占星盘，右面是江恩轮中轮。江恩认为行星的运行轨道、职权及相对的关系会对人类的心智行为作出影响，从而对金融市场作出影响。江恩大量利用占星学而创造了不同的工具及交易系统。如早前提到的占星学上的90°、180°等，百分比、轮中轮江恩角度线等正基于此而创立。而进阶的江恩理论可以将行星的角度转换为价格，不过在此不作讨论。

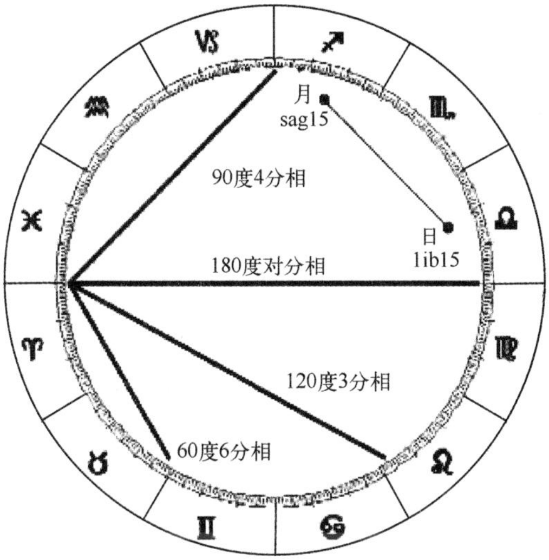

图 5-3　占星的相位

占星学是否科学？我认为占星学是一门比科学更科学的方法。在我国栾巨庆老师执着地研究天文与气象关系多年，终于发现行星、月亮的一定位置和组合阵型，可以对地球一定纬度的气候产生重大影响。

栾巨庆老师发现我国历史上发生的 7 级以上的大地震与水、木、土这三行星 59 年后的原地会合周期有密切的相关(即在前次大地震的 59 年后重新发生 7 级左右的强震与大震)。据此 1887 ～ 1927 年我国发生的 11 次 7 级以上的大地震，在 59 年的周期中发生了 11 次。如占星学跟地震周期有关，那占星学应该可以对金融市场走势作出启示。至少你能提前预测灾害的时间，而在金融市场更为注意及作相应的部署。

二、股市经济周期理论

1. 康狄夫长波理论

在周期理论中，不得不提康狄夫的长波理论（The Kondratieff Wave）。康狄夫是第二次世界大战前苏联著名的经济学家及统计学家，是享誉世界的“长波理论之父”。他在20世纪初期运用历史、经济理论与统计学分析相结合的方法，通过对长达140年的资本主义经济运行统计数列及对经济与社会发展的历史材料的整体把握，提出了在资本主义经济中“存在着平均长约50年的长期波动”的理论，将人们的视野引向更广阔的层面，为进行长期经济预测的可能性提供了依据。

康狄夫

康狄夫长波理论是一种以50～60年为一循环周期的经济周期现象。康狄夫将这周期分为上升、平台、下跌三个阶段。其中上升浪为18～20年，平台浪为7～10年，下跌浪为18～20年。他对英、法、美等资本主义国家18世纪末到20世纪初100多年的批发价格水平、利率、工资、对外贸易等36个系列统计项目的加工分析，认为资本主义的经济发展过程存在以下3个长波：

(1)从1789～1849年，上升部分为25年，下降部分35年，共60年；

(2)从1849～1896年，上升为24年，下降为23年，共47；

(3)从1896年起，为上升部分是24年，从1920年以后是下降趋势，全过程为140年，包括了两个半的长周期，显示出经济发展中平均为50～60年为一个周期的长期波动。如图5-4所示，利用长波理论框架下分析了近代世界经济趋势。

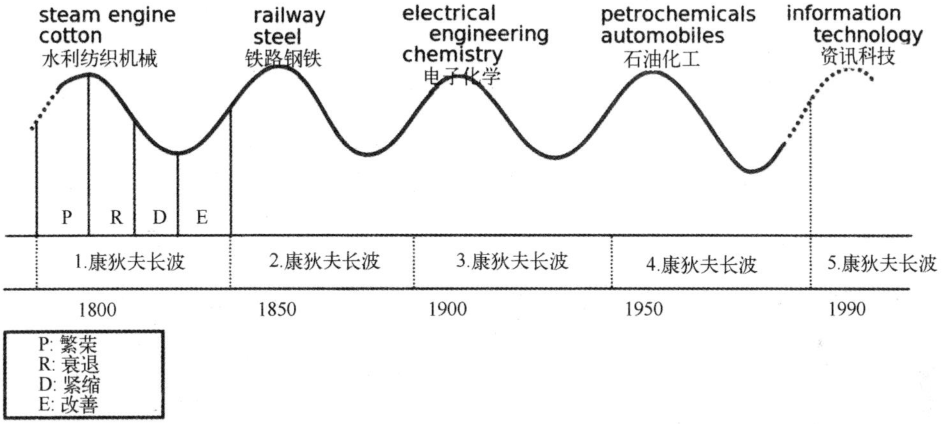

图5-4　长波理论框架下近代世界经济趋势

自工业革命以后，已经历了5个长波，而第6个长波即将开始。在康狄夫的长波理论框架下，这5个长波分别是：

(1)工业革命(1771年)；

(2)蒸汽机与铁路时代(1829年)；

(3)钢铁、电力与重工程时代(1875年)；

(4)石油、汽车与量产时代(1908年)；

(5)信息与通信时代(1971年)。

康狄夫特别指出，生产扩张使得资本急于寻找新的市场及新的原料，由此将造成国际关系紧张。在长期波动的上升期，是经济力量的扩张高度紧张的时期，一般会发生广泛的灾难性战争或革命。同中国易经中所讲“物极必反”的道理如出一辙。

2. 贝纳商品价格周期理论

贝纳(Samuel T Benner)曾是钢铁厂的厂主。1873 年 9 月 18 日，美国最大的铁路投资与金融公司破产，第一次世界级大萧条进入高潮阶段。美国 1866～1873 年铁路投资泡沫后期制造的金融大恐慌，从财政上断送了贝纳的钢铁厂。1873 年以后，他开始在俄亥俄种植小麦，并开始进行价格运动的统计研究，以此试图发现商业中价格反复涨跌的答案。

贝纳注意到，商业价格的最高点遵循一种重复的 8—9—10 年模式，并在 1875 年，写了一本书名为《未来价格涨跌的商业预言(Business Prophecies of the Future Ups and Downs in Prices)》的书。如图 5-5 所示，是利用贝纳周期分析道指的时间转折点，如 1987 年，2003 年等为显著的下跌浪，也可以在贝纳周期分析中得知。

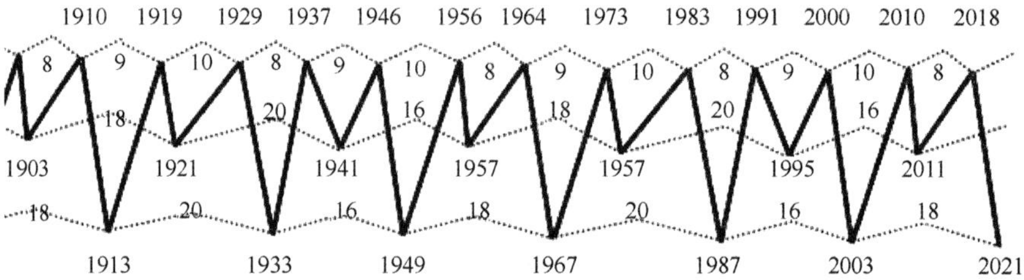

图 5-5　道琼斯指数的贝纳商业周期

贝纳在他书中的预测主要是基于生铁价格的循环，以及金融恐慌的重现。在许多年里，贝纳的预言达到了惊人的准度，而且作为一名统计人员和预言家，他为自己创造了令人羡慕的记录。有人统计，他的预言在 1875 年以后的 100 多年中赢率比是 45∶1。

时至今日，贝纳的图表还能引起循环学者的兴趣，并屡见出版，但有时这些出版物没有给原创者应有的赞许。贝纳注意到，商业价格的最高点遵循一种重复的 8—9—10 年模式。这其实是很多人都认同的 9 年左右市场经济周期规律，贝纳应该是有记载的最早的发现者之一。

如果我们将这种模式应用在从 1902 年开始的 75 年的美国道琼斯工业指数上，我们将得到以下结果。这些日期并非基于多年前贝纳的预测，而只是 8—9—10 重复模式在历史记录中的应用，如表 5-1 所示。

表 5-1　1902 年开始贝纳周期

历年	间隔(年)
1902	起点
1910	8
1919	9
1929	10
1937	8
1946	9
1956	10
1964	8
1973	9

香港近年也深受 10 年的经济周期影响，如 1997 年发生亚洲金融风暴及 2007 后期发生的金融海啸。9 年经济周期同样是有决定性的影响，而 1999～2000 年发生的科网股泡沫，其后 9 年 2008 发生金融海啸。用另一个起点香港股市 1987 年底点计 8 年后 1994 年再见一个顶部，1994 年 9 年之后 2003 年 SARS 爆发引发股灾，如图 5-6 所示。

上证指数同样受贝纳商业周期影响，以 2007 年高点起计 8 年之后 2015 年上证指数也如 2007 年一样发生急升后急速回调的走势。同样以 2008 年金融海啸的低点跟 8 年后也在 2016 年发生低点。老生常谈的“十年黄金变烂铜”，其中却包含无尽大道理。8 是神奇数字，而 10 就是江恩理论中所提及的时间周期。

至于经济的最低点，贝纳注意到两组时间序列，这些序列表明衰退(不景气)和大萧条(恐慌)趋向交替。贝纳曾观察到经济恐慌会以重复的 16—18—20 年模式出现，结果得到了这些重现事件的不规则周期。

图 5-6　恒生指数 1987 年 8 年后及 1994 年 9 年的贝纳周期

在此引用了康狄夫长波理论及贝纳商品价格周期理论，目的是让投资者对周期理论预先有个初步的了解。而在股市周期理论上，江恩理论有更为精致的分析及解读。

3. 爱德华周期理论

爱德华 R. 杜威(Edward R. Deway)，号称周期循环分析之父。他认为最具统计可靠性的循环是 9.2 年和 3.83 年，是很多周期研究机构的奠基人。爱德华 R. 杜威(1895～1978 年)，毕生致力于研究周期(不局限为经济周期)，1931 年被美国商务部任命为首席经济分析师。他试图寻找 1929 年和 1930 年美国经济大萧条的原因，1940 年在匹兹堡组建了历史上最早从事周期研究工作的基金会(The Foundation for the Study of Cycles)。以下是关于爱德华研究的一些周期图(图 5-7 至图 5-12)。

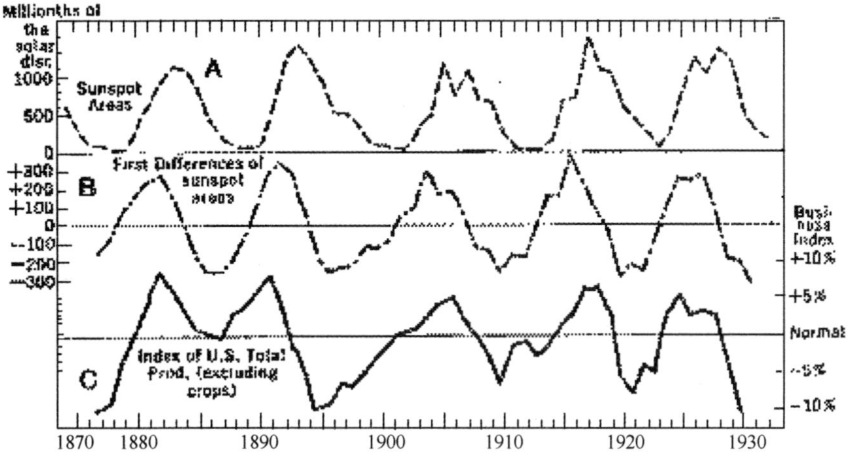

图 5-7　太阳黑子及生产的关系

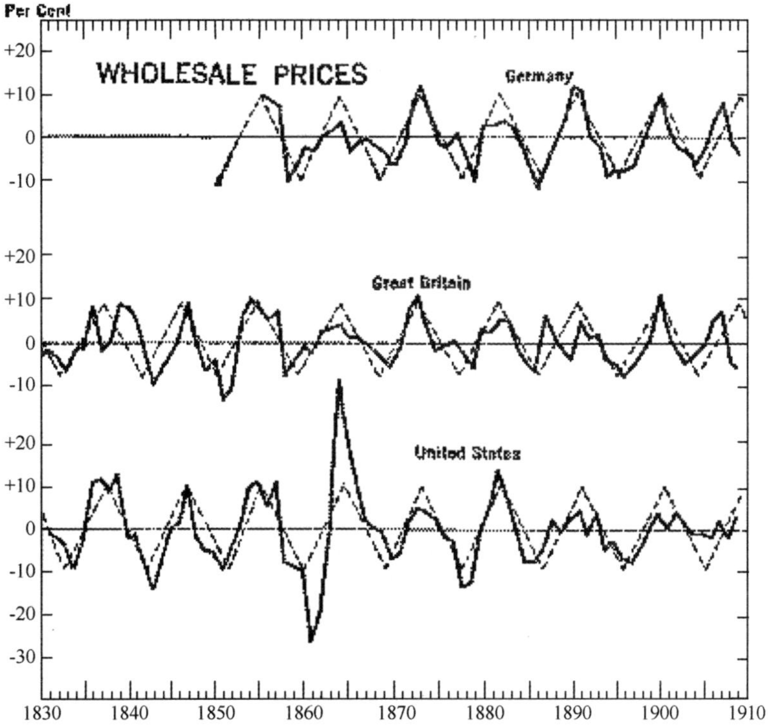

图 5-8　平均批发价格的周期性

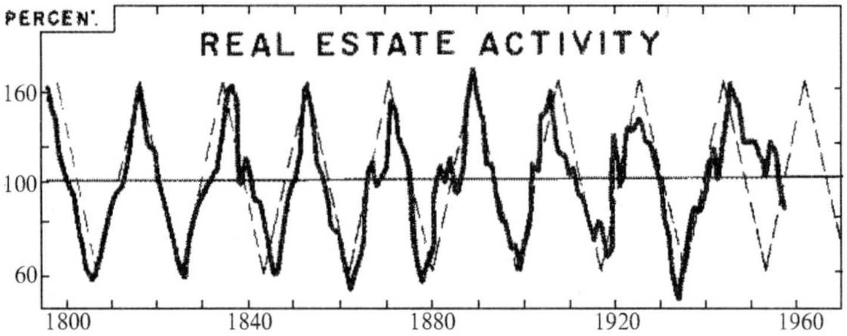

图 5-9　房地产的 18 年周期活动

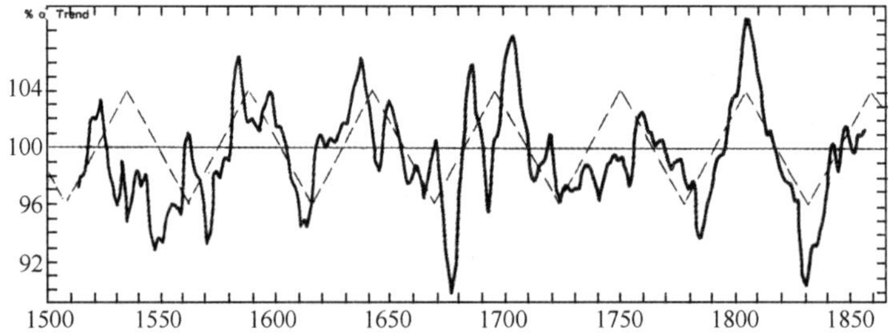

图 5-10　欧洲 54 年小麦价格周期

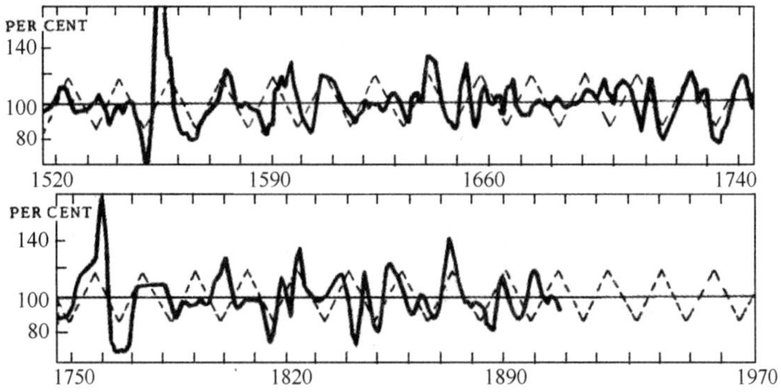

图 5-11　英国锻铁价格 16 2/3 年周期

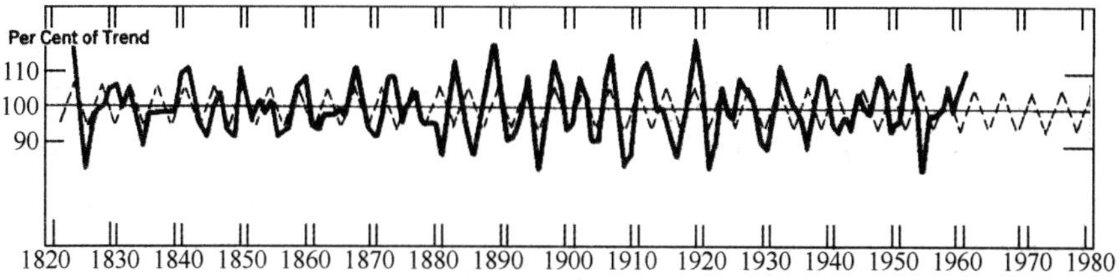

图 5-12　费城降雨量 4. 33 年周期

三、江恩周期理论

一直以来坊间大量的交易系统大多以价量为理论基础，对于时间的描述可以说是一片空白。大家使用的大量的交易系统和指标都是滞后的，而江恩理论主要利用几何、数学、占星学的理论及概念发展出一套能预测时间、价格及趋势的独特系统。

江恩认为当时间及价格成了特定的比率，将会发生共振(Time-Price Harmonic)从而产生转势。时间像频率的振荡，皆以循环、和谐、比例的方式运行。如图 5-13 所示，频率大多是有固定的频道、

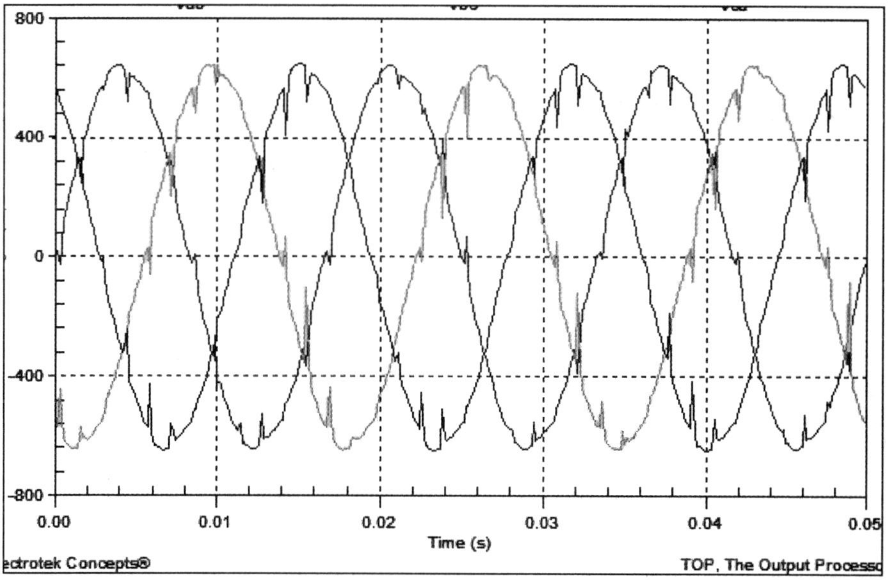

图 5-13　频率以循环、和谐、比例的方式运行

周期和振荡。只要确定波动的频率，就能预测时间及价格的走势。

“当时间到达，成交量将推动价格的涨跌。”江恩理论以时间为主因，价格及成交量只是果。我们只要在正确的起点，研究股票过去的走势便能正确的预测将来的转势日及时间。江恩理论中明确指出时间是决定市场走势的最重要的因素，因为时间可以超越价格。当时间到达，成交量将推动价格的涨跌。所以只要时间到了，相关的消息及价位就会自然出现。对于市场的交易者或预测者，特别是期权或衍生工具的交易者，时间的价值对于交易能否获利极为重要。

江恩理论比起其他理论更大的优势是其独有的前瞻性预测。运用江恩理论的时间理论，可以在几天、一个星期或一年前，预测在其后那些日子将是转势日，会产生转势。

而江恩强调“按照我的方法，最重要的是要有一个正确的开始起点，有了正确的开始，才会有正确的结果。”引用圣经中“已有的事后必再有，已行的事后必再行，日光之下并无新事。”日光之下并无新事，看似虚无缥缈，但事实上当中包含极深的道理。当投资者看完图 5-14，美国道琼斯工业平均指数 2014 年及 1929 年在 250 个交易日

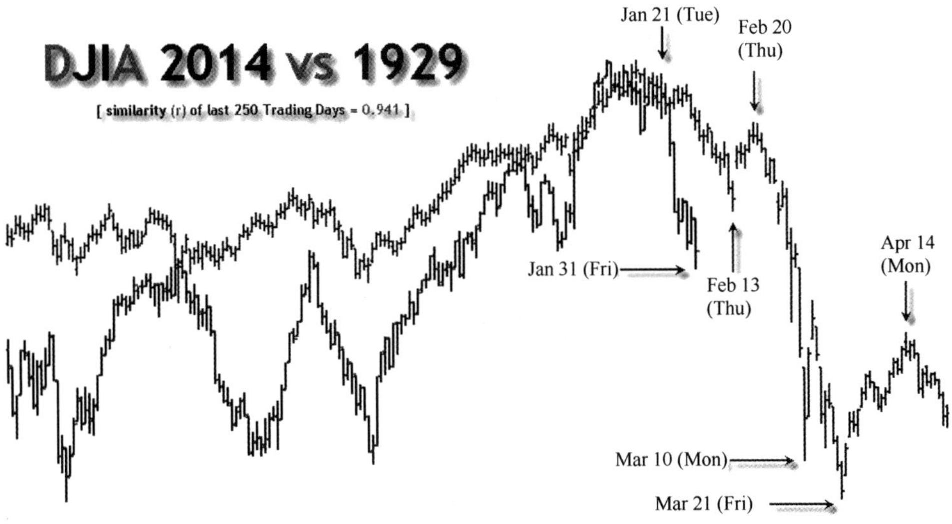

图 5-14　美国道琼斯工业平均指数 2014 年及 1929 年有 94%的相似走势

中，有着94%的相似走势。那说明了“已有的事后必再有，已行的事后必再行”。也证明周期是有规律、循环、和谐地运行。当走到某个倍数、比率，就会发生转势及重复之前的走势。

1. 周期循环

英国著名经济学家约翰·梅纳德·凯恩斯在1936年出版的《就业、利息和货币通论》一书中提出，经济发展必然会出现一种开始向上，继而向下，再重新向上的周期性运动，而且有着明显的规则性，即经济周期。

以康狄夫长波理论为例，在50～60年为一循环的经济周期中，包含了上升浪为18～20年，平台浪为7～10年，下跌浪为18～20年等子浪在中间运行。而康狄夫长波理论又包括了无数短波，如约瑟夫·基钦(Joseph Kitchin)发表的基钦周期(短波理论)认为经济周期有大小两种。资本主义的经济周期只有3～5年，大周期约包括2个或3个小周期，小周期平均长度约40个月。

周期之间是互相重叠按一定规律运行。一个大周期中间，将会有很多大大少少的中期及短期周期运行。而每个子浪中间夹在无数的细浪中运行。一个大的周期中存在小的周期，一个周期又是上一个周期的延续，也是下一个周期的开始。在金融市场中，即是指出一个指数及商品运行时，将会受到一些长期周期(10年周期)或一些以日计算或星期计算的短线波幅。循环有大有小、有长期、有中期、也有短期。因此，循环中又有循环，互相重叠，轮中有轮。

江恩理论中认为大周期(长期周期)必定比中期及小的周期重要。假如大周期是向下周期，即使中周期及小的周期是向上的周期，只是表示此时有机会在下跌浪中有反弹，最后仍然是敌不过大周期的力量。而大周期(长期周期)我们大多是利用月线图或周线图去分析，而中期及小的周期将会用到日线图或小时图等分析。图5-15为恒生指数周线图，当中包含了两个不同的周期，分别是35周期及23周期，互相影响。

所以投资者必须绘制不同的月线图、周线图、日线图或小时图等图表，并套用不同的江恩工具，以作分析。根据江恩本人的手稿发现

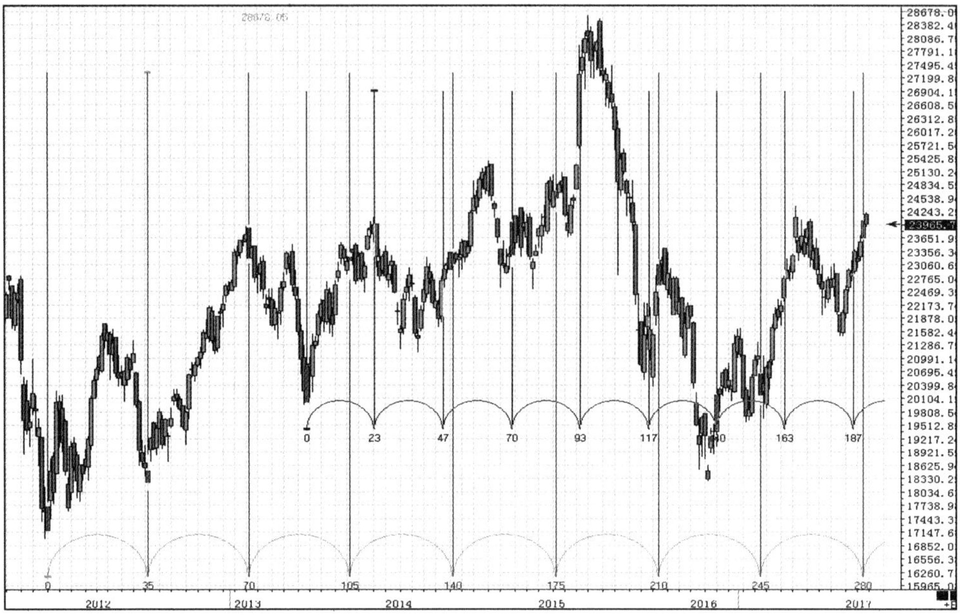

图 5-15　恒生指数 2012～2017 年周线图包含了 35 及 23 周期

他比较重视周线图的预测及走势。

2. 正确的起点

江恩经常说“按照我的方法，最重要的是要有一个正确的起点，有了正确的开始，才会有正确的结果。”那什么是正确的起点？

一般来说，股市及商品发展会出现不同的历史高位和低位，次级的高位和低位，及一些细微波动中的高位和低位。在江恩理论中，认为历史高位和低位是最重要的，例如美国道琼斯工业指数 1932 年的 40 点作为正确的起点，因为这是在 20 世纪的最低点；深圳成指的历史最低点是 1991 年 9 月 25 日时的 45 点，这是深圳成指的历史性起点。

对于香港的恒生指数，1997 年、2007 年、2009 年等历史的高位和低位，对判断中长期走势至关重要。而上证指数的 2007 年、2009 年及 2015 的顶部及底部都是同样的重要起点。而一些短期的顶和底，对于判断其后短线的走势至关重要。

不同的起点将会有不同的结果及共振位。所以投资者必须于不同的起点，包括历史高位和低位及短期的顶与底作为起点，再利用不同的工具去预测未来转势的日子。

3. 江恩周期循环

中国传统学说认为 60 年甲子是一个完整的周期循环，由甲子年开始直至到葵亥年为轮转一周。江恩理论中，认为圆形是一个完整周期循环，圆的特点是“周而复始”，由圆周的任何一点为起点，最终都会回归到起点。

江恩的周期理论正建立于此。而圆形是 360°，即是 360 个月或 30 年。这正是 60 年甲子的一半。同样一年有 360 天，月球围绕地球 360 次。30 年周期是江恩分析的重要基础，如果将一个圆形用三角形或分开三份(图 5-16)，将会得到每份 120°的分割，比作时间的话，即 120 个月或 10 年周期。同时我们可以用 7 或 8 去割分 360°。也会得到不同的周期，以下是用 8 去分割 360°的结果：

(1)30 年就是 360×1；

(2)60 年就是 360×2；

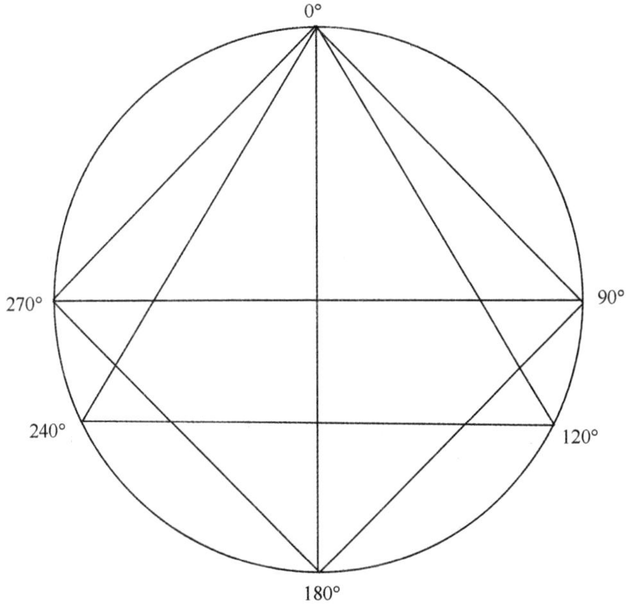

图 5-16　将周期分割成三份，四份或八份

(3)90 年就是 360×3；

(4)22. 5 年就是 360×0. 75；

(5)20 年就是 360×0. 666；

(6)15 年就是 360×0. 5；

(7)10 年就是 360×0. 333；

(8)7. 5 年就是 360×0. 25。

江恩经常强调，市场的长期周期循环为 90 年、82～84 年、60 年、49 年、45 年、30 年及 20 年。中期周期循环为 15 年、13 年、10 年、7 年、5 年、3 年、2 年及 1 年。而我们会在下面深入讨论个别周期。

4. 江恩 30 年周期循环

在江恩的周期理论之中，30 年周期循环是理论中的核心之一。因为，一年有 360 天，月球围绕地球 360 次。而同样 30 年也是接近土星运行的周期，土星围绕太阳一周，共 29 年 167 天。所以 30 年周期循环是理论中的核心之一。而如果将 30 年周期再作出分割，如图 5-17所示，会发现土星周期跟江恩百分比分割完全一样：

(1)30 年周期——土星回归；

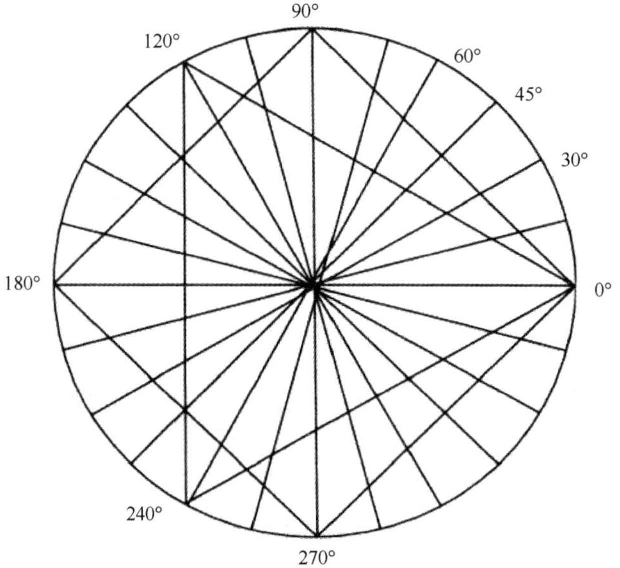

图 5-17　江恩周期分割

(2)2.5 年周期——土星 270°(360 ×6/8);

(3)15 年周期——土星 180°(360×4/8);

(4)7.5 年周期——土星 90°(360×2/8)。

我们将 30 年周期运用到股市周期，最终将会有惊人的发现。以 1987 年香港股灾为例，7 年半后的 1994 年再次发生股灾，而 1994 年的股灾是因为 1993 年外资对红筹股热炒的结果，1994 年因美国连续加息 7 次令股市大跌。在 15 年后，2002～2003 年，发生了禽流感，造成股市大跌。到 22.5 年后即 2009 年，金融海啸令恒生指数跌到谷底，而 30 年正好是 2017 年。

如果时间由其他重要的年份开始，最后都推到 2017 年，2009 年的 7.5 年后，即是 2016 年 5 月；2002～2003 的 15 年后，即是 2017～2018；1994 年的 22.5 年后，即是 2016 年 5 月。在此大胆作出预测，在 2016 年 5 月将可能是见底位后上升，2017 年的恒生指数可能会有牛市，但 2018 年将会再次转为熊市。

在证指数中使用 30 年周期，亦有惊人的发现。如图 5-18 所示，

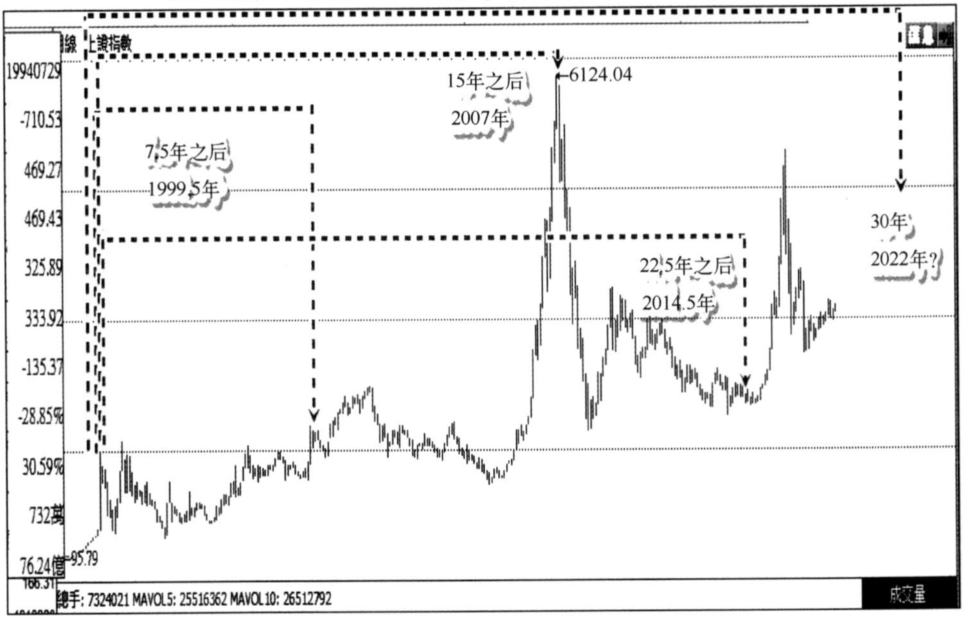

图 5-18　30 年周期应用在上证指数

1992年5月上证指数出现成立后的第一个顶部。之后利用江恩30年周期发现7.5年后，即1999年5月出现了另一个顶部。而15年后2007年见牛市大升浪的顶部。22.5年之后2014年正好是2015年大牛市上升前的起点。而30年后，即2022年相信是另一个高点或低点。

5. 30年周期及历史的走势

30年周期同样可以用作推测历史的走势，笔者曾在香港经济日报集团的《智富》杂志上以“江恩周期对2017至2024预测”为题预测之后的走势，以下是利用江恩30年周期推演中国历史走势的关键时间，以下为部分节录。

我们也可以利用江恩的周期理论根据不同的“历史重要的时间”去推算之后重要的关键时间。本文利用近代中国百年两个重要事件的发生时间作为起点，即：“九·一八”事变及“1949年新中国成立”，用江恩30年周期及江恩分割为之后未来几年的走势作出预测。

表5-2 “九·一八”事变及1949年新中国成立与30年周期

起点	“九·一八”事变	起点	1949年新中国成立
1941年(10年)	太平洋战争	1956年(7.5年)	反右运动(1957年)
1946年(15年)	日本战败(1945-9-9)	1959年(10年)	3年困难
1951年(20年)	韩战开始(1950年)及韩战：中国和北朝鲜军队占领汉城	1964年(15年)	试爆原子弹
1953年(22.5年)	韩战完结	1969年(20年)	中苏边界冲突
1961年(30年)	3年困难时期开始	1979年(30年)	中越战争 & 改革开放(1978年) & 将深圳定为经济特区
1991年(60年)	邓小平南巡	2009年(60年)	金融危机(中西经济强弱转折点) & 中国奥运(2008年)
2021年(90年)	未来时间	2016年5月(67.5年)，2019年(70年)及2024年(15年)	未来时间

如表5-2所示，以“九·一八”事变及“1949年新中国成立”两个事件作为起点，用江恩30年周期发展其后到江恩30年分割的时间，中国历史上皆发生一些重要的事件。如“九·一八”事变10年之后发生太平洋战争；第15年后日本战败(1945年9月9日)；第20年韩战开始(1950年)即：中国和北朝鲜军队占领汉城；1961年(第30年)中国3年自然灾害的开始；1991年(第60年)邓小平同志南巡。而2016年5月、2019年、2021年及2024年皆是未来重要的关键时间点。

江恩预测时间的理论印证了万物，包括股市、时间及历史事件皆有运行规律及重复性。

6. 江恩10年周期循环

法国医生克莱门特·朱格拉(Clement Juglar)曾提出朱格拉周期(Juglar cycle)。他在1862年出版的《论德、英、美三国经济危机及其发展周期》一书中，提出了以10年为一个循环的经济周期理论，一个经济周期会经历上升、爆发、清算三个阶段。后人把这中等长度的经济周期称为“朱格拉周期”，也称“朱格拉中周期”。1875年贝纳曾写过一本名为《未来价格涨跌的商业预言》的书，提出商品及股市不停地重复着8—9—10年见顶规律。

江恩更重视10年周期循环。几句俗语“十年人事几番”“十年黄金变烂铜”和“十年河东转河西，莫笑穷人穿破衣”，都指出10年周期循环的精要。10年是30年周期的1/3。也接近最大行星木星绕太阳公转的周期11.86年及太阳黑子周期。在前面章节中写木星代表经济和扩张，所以10年周期极为重要。

以10年周期为例，如图5-19所示。恒生指数1997年高位，10年后再次于2007年发生高位；而2000年高位于10年后，2010年再次发生高位；2003年的低位于10年后的2013年再次发生。无论是30年周期还是10年周期，都直指2017年。

市场以10年周期为循环，江恩还特别提醒：一般而言市场会5年上升，5年下跌的子浪循环。在5年的升市中，根据江恩的经验，有5年升，1年跌，再有2年上升，才完成5年的升市。对于5年的

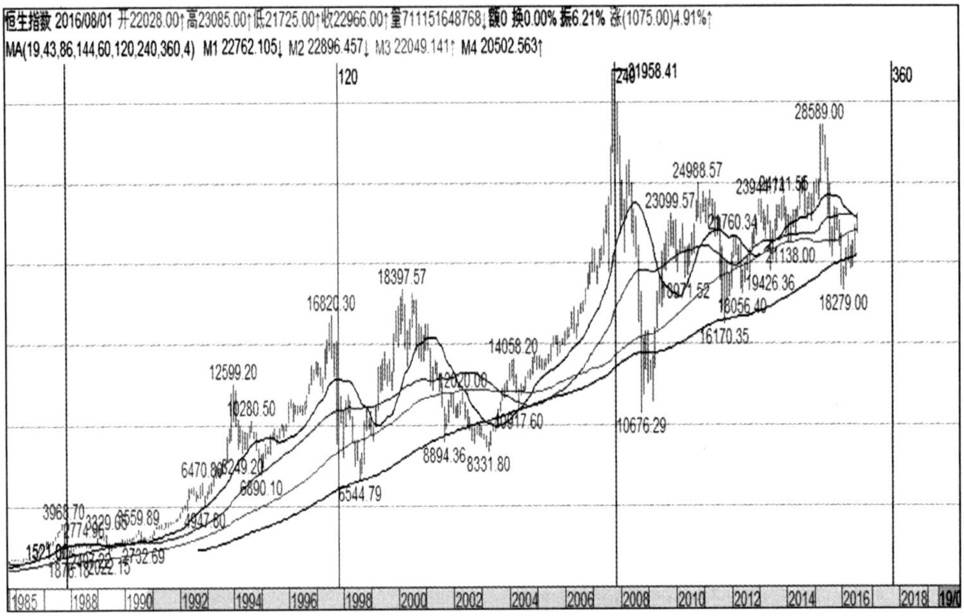

图 5-19 恒生指数每 10 年发生一次高位

跌市，江恩认为通常也有 2 年下跌，1 年反弹，再有 2 年的下跌，才会完成 5 年的跌市。

假如我们再将 120 个月分割，会作出以下月份，结合上文所讲的理论，可以得出：

(1)120 个月的 1/3=40 个月；

(2)120 个月的 1/4=30 个月，即：两年半；

(3)120 个月的一半是 60 个月=5 年；

(4)120 个月的 1/8=15 个月；

(5)120 个月的 1/6=7.5 个月。

7. 太阳黑子及江恩 10 年周期

10 年是 30 年周期的 1/3。也接近最大行星木星围绕太阳公转的周期 11.86 年及太阳黑子周期。在上面章节中写木星代表经济和扩张。所以 10 年周期极为重要。外国很多大学都对太阳黑子及经济周期进行研究，并证实太阳黑子是影响经济周期的。

1875 年，威廉·斯坦利·杰文斯(William S. Jevons)发表了商业周期与这些太阳黑子周期有关的理论，认为太阳黑子活动影响农业产量的天气和影响整体经济活动的价格。其后也有很多研究指出美国非农业商业活动的主要周期与太阳周期之间存在着明显的相关性。英国人类学家厄特尔教授证据表明，在太阳黑子活动较大的时刻，人类文化发展也较为旺盛。莫雷尔医生(发表在英国医学期刊)发现致命疾病流行期间(如禽流感)，大多数是太阳黑子较低或回落的日子。图 5-20展示了 1926～2003 年太阳黑子及经济收缩的关系。

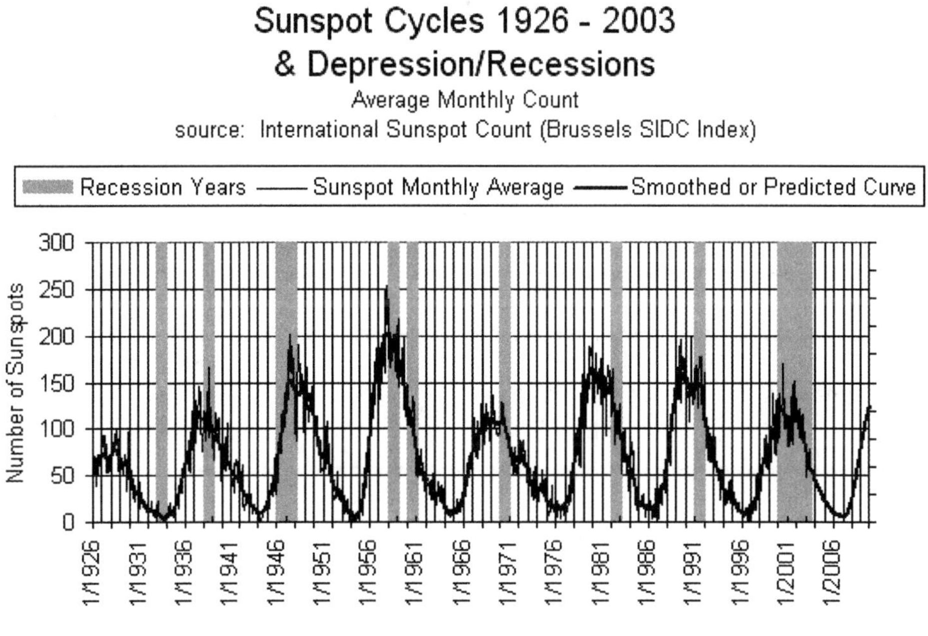

图 5-20　太阳黑子及经济收缩(1926～2003 年)

有分析指当地球经历太阳黑子低潮时，人类(特别是投资人士及基金经理)往往更加保守，不思进取。近期太阳黑子的低潮发生在 1964 年、1975 年、1986 年、1997 年和 2008 年(11 年周期)。这些都是全球股市及楼市崩溃年份，下一个将会发生在 2018～2019 年。

笔者曾在香港经济日报集团的《智富》杂志上刊登过关于太阳黑子及股市的文章，以下为部分节录。

坊间越来越多的人提出港股逢 7 必灾或逢 7 必升，却说不出所以，而在占星学上及江恩理论上对此有很明确的理据。笔者早在 2016 年 10 月 8 日以“如果 2017 年是牛市”连续两期在本栏中讨论 2017 年牛市的可能性。

在经济的周期循环中除了 30 年周期之外，10 年周期也统治了经济发展。为何是 10 年呢？10 年周期在占星学上是跟木星周期及太阳黑子周期吻合的。吴师青于 1972 年出版的《日运占星学》中描述太阳黑子周期为 11 年 2 个月 20 天。太阳风暴周期分初、中、高三个阶段，初期 3 年经济低迷、不景气，中期 3 年经济发展开始复苏而后腾飞，末期 5 年的头两年，股市经济进入巅峰狂热。后 3 年，股市经济泡沫破裂而恐慌后萧条。

图 5-21 是我根据吴师青书中的 1952 年开始的周期表，制作了一个周期表。图中指出 2006 年是巅峰过热，之后 2007～2008 年是萧条后慢慢复苏。而下一个周期的巅峰会是 2017 年或者 2018 年。

萧条		不景交易			健全交易			刺激交易		巅峰
1974 1985 1996 2007	1975 1986 1997 2008	1976 1987 1998 2009	1977 1988 1999 2010	1978 1989 2000 2011	1979 1990 2001 2012	1980 1991 2001 2013	1981 1992 2003 2014	1982 1993 2004 2015	1983 1994 2005 2016	1984 1995 2006 2017

图 5-21　太阳黑子及经济周期的关系

以为太阳黑子不科学？其实国外多个大学发表了研究太阳黑子及经济周期关系的很多论文。贝纳（Samuel T Benner）价格周期理论也引证了 10 年经济周期，1875 年贝纳曾写过一本《未来价格涨跌的商业预言》的书，提出商品及股市在不停的重复 8—9—10 年见顶规律，而 20—18—16 年将是经济不境的不变定律。如 2009 年低点加 9 年即 2018 年，而 2007 年加 16 年即 2023 年，与江恩 30 年周期吻合。

利用 30 年江恩周期推算出 2017 年的时间外。利用神奇数字作推算，即由 1、1、2、3、5、8、13、21、34、55。由 1987 年 10 月作为起点，每约 120 个月恒生指数将会见到一个牛市的高点，包括 1997

年(118月)后的2007年；如果一直推下去将会见到2017年10月。以2016年2月作起步点，第21个月为2017年10月；2017年有机会见一个高点或牛市。如果推论成立，2017年高点将会发生在2017年10月前后一到两个月左右。

8. 江恩“7”的周期循环

江恩在划分市场周期循环时，经常使用7或7的倍数。江恩认为7融合了自然、天文与宗教的理念。江恩将”7”及其倍数的周期视作重要的转折点。

《圣经》上说“上帝用7天创造了世界”；耶稣在死后的第3天站起来，第7天复活；西方用7天为一个星期。而中国也重视“7”，如人死后，亲属每7天设斋会奠祭(或称追荐)一次，前后7次，共七七四十九天。而佛教也认为人死了该往何处去，在49天之中就会有答案。《地藏经》云：“若能更为身死之后，七七日内，广造众善……”，这意味着7天是一个重要的周期。

如图5-22所示，从1973年开始，当年石油危机引发股灾开始大

图5-22　香港股市7年的周期令1987年股灾

跌，恒指于 1973 年 10 月开始由高位大跌 76%。其后 7 年，即 1980 年美国经济衰退，恒指于 11 月开始大跌 25%。其后 1987 年(香港停市)，1994 年(美国加息)，2001(“9·11”恐袭)年及 2008 年(金融海啸)等都发生股灾。

以恒生指数日线图为例，如图 5-23 所示，以“7”日为周期循环，我们在 2014 年 10 月 3 日的低位开始，以“7”日及“7”的倍数为周期循环，会发现很多时候恒生指数每“7”个交易日都会发生转势。

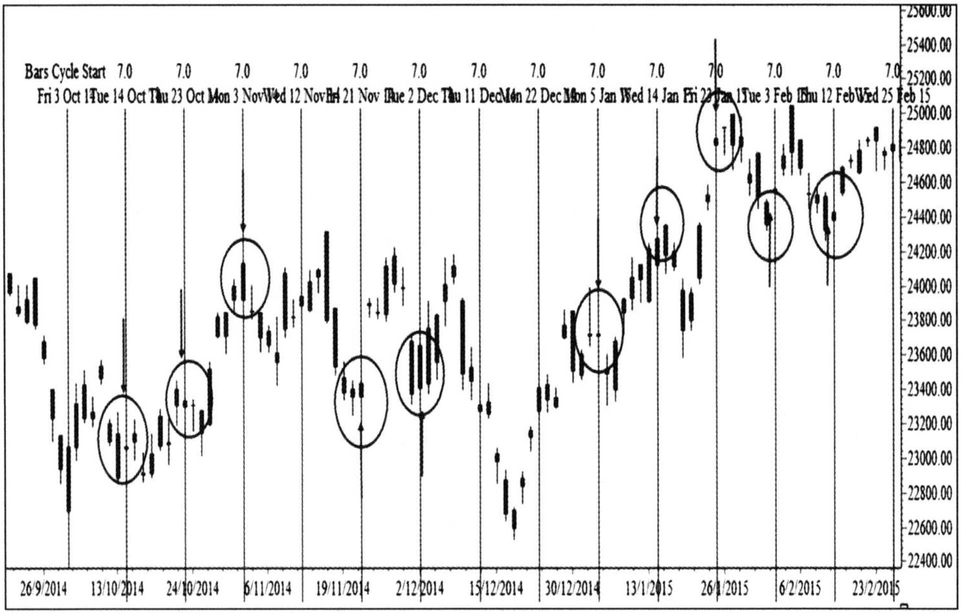

图 5-23　恒生指数“7”日周期循环

以上证指数日线图为例，如图 5-24 所示，以“7”日为周期循环，我们在 2016 年 4 月 15 日的高位开始，以“7”日及“7”的倍数为周期循环，会发现很多时候上证指数每“7”个交易日都会发生转势。

以恒生指数周线图为例，如图 5-25 所示，以“7”为周期循环的 77 周，我们发现由 2008 年的低位 10676 点开始数 77 周期循环及其倍数，在 77 周，154 周，231 周及 308 周，会发现在 10676 点后的 77 周，154 周，231 周及 308 周都发生了相对的转势。

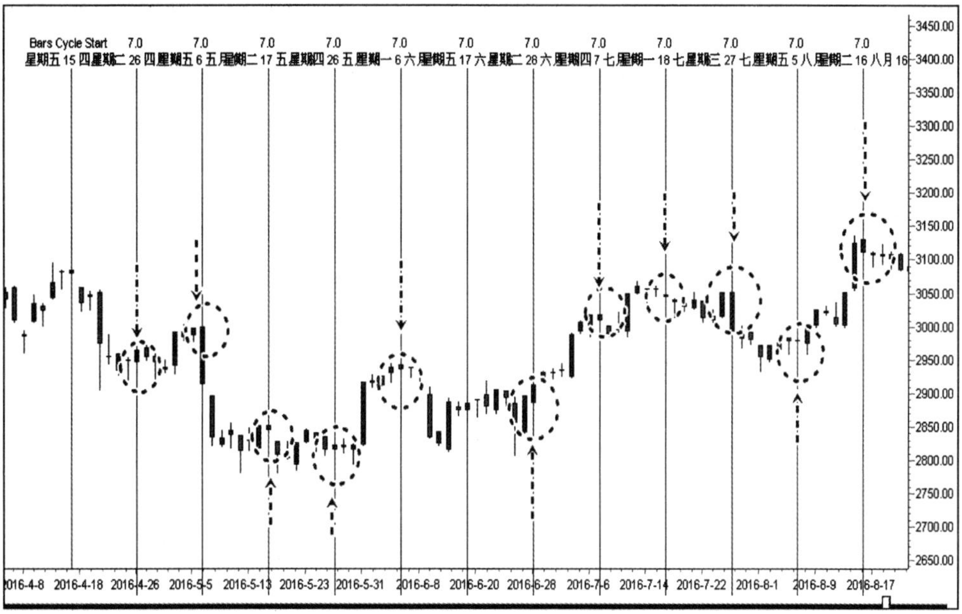

图 5-24　上证指数“7”日周期循环

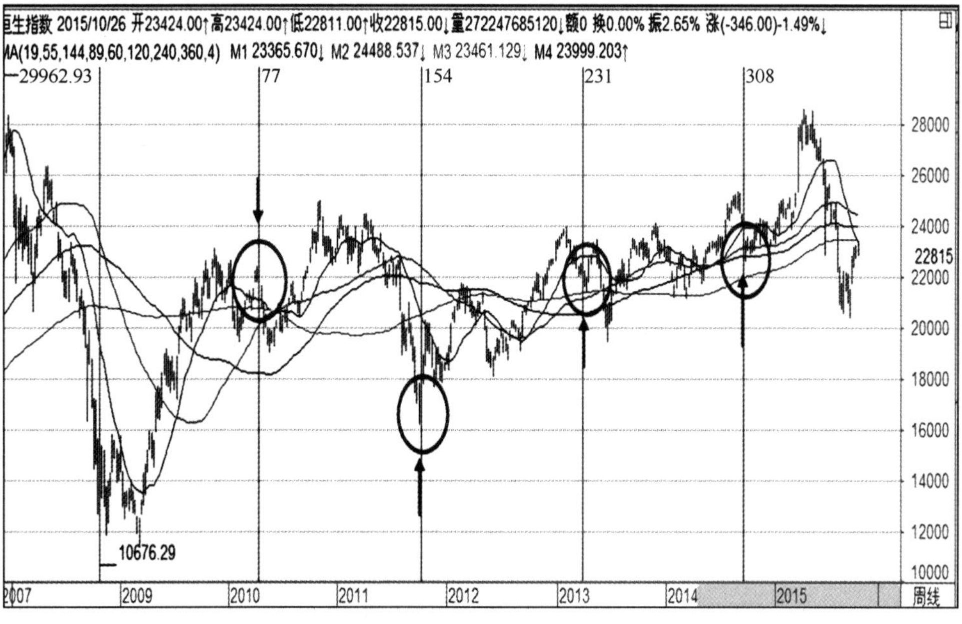

图 5-25　恒生指数每 77 周转势

以上证指数周线图为例，如图 5-26 所示，以“7”为周期循环，我们以 2015 年的高点开始，以“7”及其倍数为周期循环，在 14 周，21 周，28 周，35 周，42 周，49 周，56 周，63 周及 70 周，都发生了相对的转势。

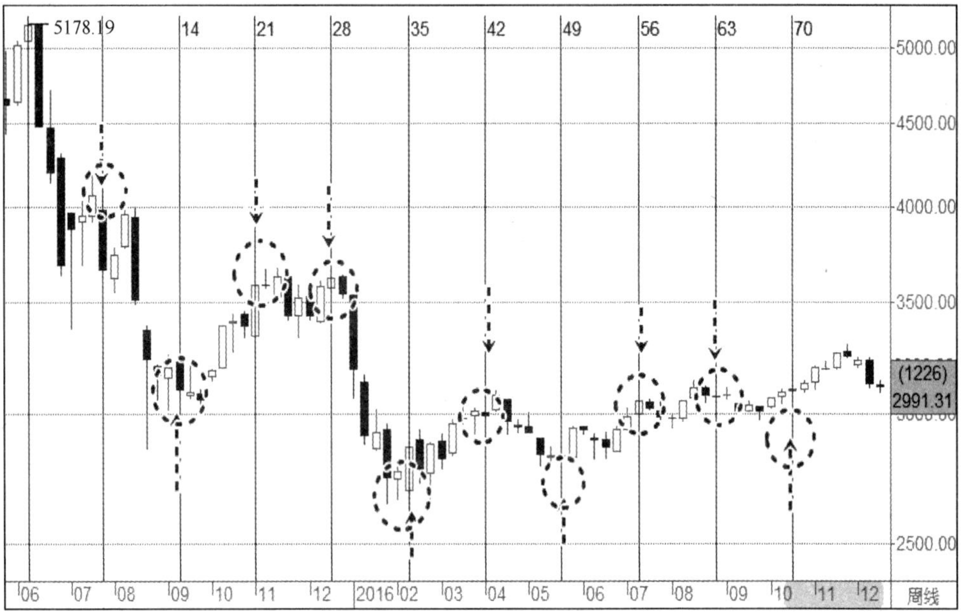

图 5-26　上证指数每 7 周转势

9. 江恩 5 年周期循环

除了 10 年之外，另一个重要的周期就是 5 年。“易传 · 系辞”有“五为成数”，“五为数母”。所以 5 年也是市场的重要转折点。江恩认为 5 年周期中同样包括了 2-1-2 等规律。在升市当中，可能 2 年升，1 年跌，再有 2 年升，才完成一个 5 年周期。江恩认为在一个长期涨市或跌市中，很少会运行超过 3 年至 3.5 年而没有 3～6 个月调整及反弹的，除非这是长周期的尾段。

10. 江恩与二十四节气

在农历中，月亮围绕地球的运动以“月”为单位，地球围绕太阳的运动以“年”作单位。月亮以 15 天为新月，满月约 29.5306 天。而中国正好以 15 天为一个节气。江恩把圆分割为 15°一个变盘点，正好与中国的节气有关。

利用江恩的分割工具，选取一年中的春分作为分割的起点，春分即是太阳回归的时间，日期为 3 月 21 日。然后将圆形一分为二，分四，分八，在八的基础上又细分为十二等分和二十四等分。也就是每个节气为 15°，二十四节气正好合为 360°。江恩的时间与中国历法的节气不谋而合，如图 5-27 所示。现将分割的时间排列如下：

0/8——3 月 21 日，春分

1/8——5 月 5 日，立夏

1/4——6 月 21 日，夏至

1/3——7 月 23 日，大暑

3/8——8 月 5 日，立秋前 2 天

5/8——11 月 8 日，立冬

2/3——11 月 22 日，小雪

3/4——12 月 21 日，冬至

7/8——2 月 4 日，立春

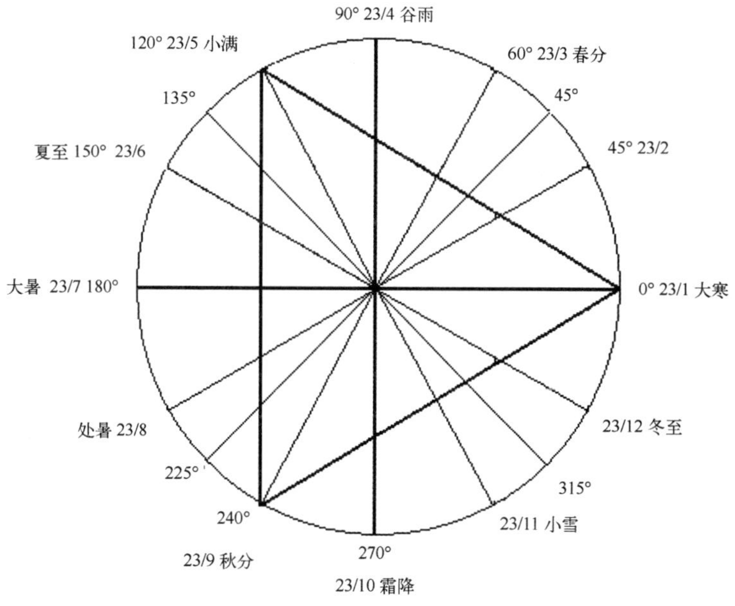

图 5-27　中国节气跟江恩分割

江恩方法中经常用到 90°及 120°的关系，我们留意到，春分、夏至、秋分及冬至是 90°的关系；而谷雨、大暑、霜降、大寒也是 90°的关系；而小满、秋分、大寒是 120°的关系。这也正好印证了江恩角度线和江恩分割理论等原理。

而金融市场中，每当遇上节气的日子经常会联系到转势。如图 5-28所示，上证指数于 2015 年 6 月芒种前后见顶 5178 点，其后回落了约 2000 点。而其他节气如谷雨、立夏、立秋及大暑等都发生不同程度的转势。江恩的时间循环理论与中国历法中的二十四节气不谋而合。也印证了当时间走到某个比率，就会发生转势的理论。

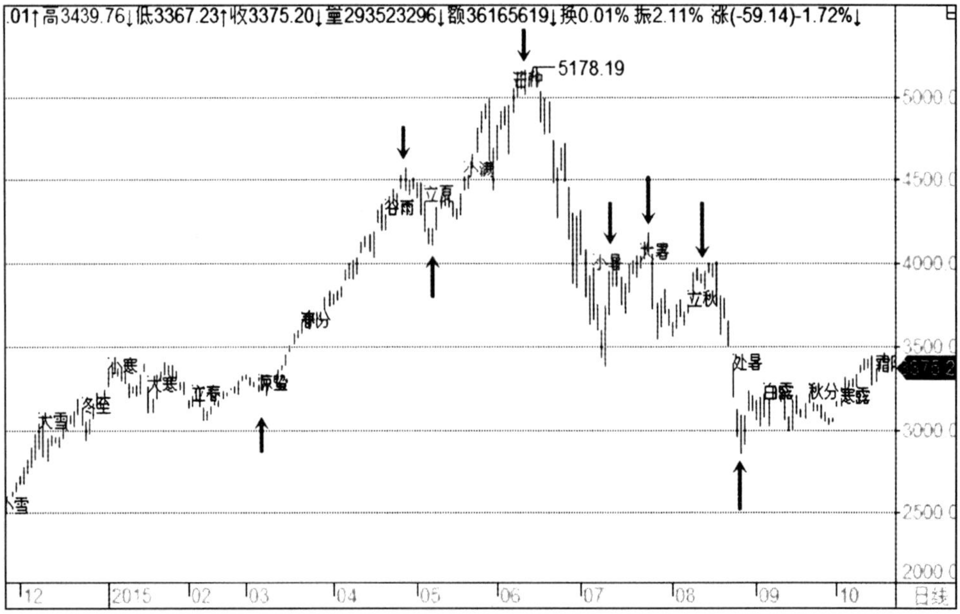

图 5-28 上证指数在节气的日子转势

而在笔者执笔时，中国人民银行宣布，自 2015 年 10 月 24 日起，下调金融机构人民币存贷款基准利率，同时下调金融机构人民币存款准备金率。在宣告当日正好是节气“霜降”之日，众人皆笑中国央行在“霜降”时侯双降了。

四、江恩转势日

江恩理论的精要是，在所有的市场因素之中时间的因素占了决定性的地位。江恩经常说："当时间到达，成交量将推动价位升跌；已有的事必再有，做过的事必再做；太阳之下无新事。"

大部分交易者会经常作短线交易，而短线交易要利用江恩理论去计算江恩转势日，去判断短线以日作单位的走势。我们大多都会以日线图走势来预测大市未来的变盘日期，称之为"江恩转势日"，或叫时间窗(Time Window)，指的是指数或商品在特定的时间里，趋势会产生转势或急速的突破。江恩转势日有以下两点：

(1)指数或商品向某一个方向(向上/向下)运行，当遇到转势日时会产生向反方向的转势。

(2)指数或商品向某一个方向(向上/向下)运行，当遇到转势日时，会急速向原有方向突破。

在我教授的江恩转势日中，大部分时间都会在转势日的时候产生向反方向的转势。当你熟悉了江恩转势日后，你将能够于一星期前，一个月前甚至一年前，预测出未来的转势日。而交易者会经常发现，当转势日到了，相关的消息或股票会突然产生急剧的变化。对于短线交易者，特别是对期权及期货的交易者来说，什么时候下单相信是重要的关键点。而江恩转势日正好提供了一个很好的参考，去完成交易者在交易系统中"时间"分析的空白。

在电影"叶问"中，叶问多次因咏春正宗的问题而被挑战。相传叶问在香港跟梁壁学习改良咏春拳后，回到佛山跟师兄弟交流学习，也被同门所指非正宗咏春。招式不能一成不变，墨守成规。应不停改良，建立更强的交易系统或方法。笔者对江恩理论中的价格时间理论见解独树一格，可能与原本的江恩理论已经不同。但笔者经常在Facebook(脸书)中公开转势日的时间，准确度令广大投资者啧啧称奇。所以我为自己的理论定论为"小龙江恩理论"，时间的转势日为"小龙江恩转势日"，以作区别。当然转势日或时间窗也可以应用到小时或分钟的交易中，但这不在本书的讨论范围内。

1. 江恩转势日的门派

想要了解江恩转势日，就必须要明白其中的理念及来源。而江恩转势日理念及来源的探究，正如本书开始时经常引用的一句话：“我们拥有一切天文学及数学上的证明，以决定市场的几何角度为什么及如何影响市场的趋势”。

2. 金融占星学

很多国外投资者都沉迷于金融占星学中，他们会参考星历，去寻找在星历上以占星符日表示当月值得留意恒星过宫的日子、逆行周期及星体与星体之间的相位等，这些都会对市场有一定影响。

著名券商高盛公司为检验占星分析法的有效性，曾在 1999 年通过回归分析法对日月蚀与金融市场价格的关系进行了验证。通过验证确实发现，日月蚀与日本股市及美国国债收益率存在统计上的联系。但同时也发现，以随机抽样的资料也能找到类似的关系，所以此结论无效。

金融占星学（Financial Astrology），是讨论个人理财进而扩及国家整体经济体系，情势及全球股汇市，各种资源等为主题的占星学。人们对金融占星使用但秘而不宣。一些基金经理人、交易商、投资人使用金融占星是一个公开的秘密。在 1980 年代之前，它归类为时事占星学的旁支而已。

尽管金融占星学发展的历史尚短，但是很多历史上著名的操盘手，包括江恩也是金融占星学的粉丝。“我们拥有一切天文学及数学上的证明，以决定市场的几何角度为什么及如何影响市场的趋势，如果你学习时有所进步，而又证明你是值得教导话，我会给你一个主宰的数字及主宰的字句。”他最为脍炙人口的杰作是 1929 年美国股市大崩溃的前一个礼拜发出通知书，警告他的客户危机来临，有听从的人皆能幸免，迄今仍为股市界津津乐道。如图 5-29 所示，为标准普尔 500 指数和土星及天王星的关系。

占星学应用的例子多不胜数。例如恒生指数于 1973 年、1974 年、1987 年及 1989 年水星逆行期间都出现急跌的情况，下跌幅度为 27%～44%不等。而不同星体有不同的职权，如土星代表紧缩和压

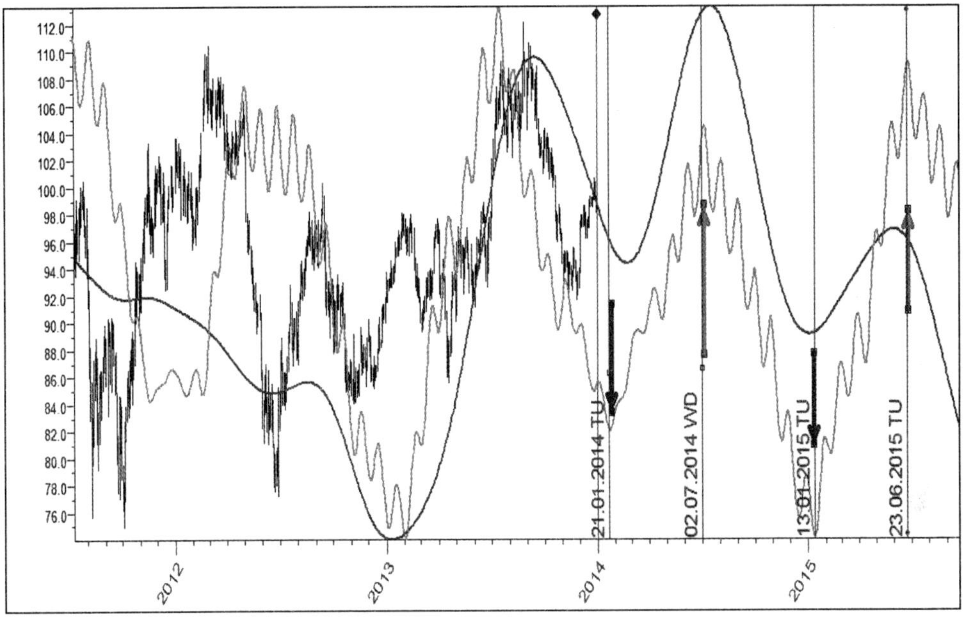

图 5-29　标普 500 指数和土星及天王星的关系

力；而木星代表经济和扩张；水星代表沟通；火星在好的相位时刺激市场并导致市场出现异常活跃和直线暴涨，而当处于邪恶相位时它将导致出现直线跳水。金融占星学会利用星历(图 5-30)或打开星盘(图 5-31)找寻恒星过宫的日子等，找恒星跟其他行星形成特定角度，例如：180°交会(conjunctions)，90°直角(Sqares)，120°三分一对座(Trines)等方法，去判断转势日。

以同一个水星逆行为例，水星每年逆行 3～4 次，每次维持的时间 20～28 天不等，而水星逆行可以在不同的宫位发生，我们跟本不能作为一个涨跌或转势的参考，而且占星盘上所预测的事情，不一定反映到股市身上，或者实时发生影响。

真正的江恩占星学，是利用宫位与价格的转换，或画出恒星线等，但难学难精。而江恩理论中，如江恩角度线，纪念日及时间周期等都是包涵占星学原理及几何原理，所以本书会集中讨论实用的方法去计算江恩转势日。

SEPTEMBER 2012 00:00 UT

Day	Sid.t	☉	☽	☿	♀	♂	♃	♄	♅	♆	♇	☊	☊	⚸	⚷
S 1	22 42 15	8♍57'57	14♓ 4	29♌48	24♋ 0	5♏24	14♊35	26♎15	7°R38	1°R32	7°R 2	29°R37	0♐ 4	28♉46	7°R15
S 2	22 46 11	9°56'00	27° 1	1♍44	25° 4	6° 3	14°41	26°20	7♈36	1♓31	7♑ 1	29♏25	0° 0	28°53	7♓12
M 3	22 50 8	10°54'04	9♈40	3°41	26° 7	6°42	14°47	26°26	7°34	1°29	7° 1	29°15	29♏57	29° 0	7° 9
T 4	22 54 5	11°52'11	22° 3	5°38	27°11	7°22	14°53	26°32	7°32	1°28	7° 0	29° 8	29°54	29° 6	7° 6
W 5	22 58 1	12°50'19	4♉11	7°35	28°16	8° 1	14°59	26°38	7°29	1°26	7° 0	29° 3	29°51	29°13	7° 3
T 6	23 1 58	13°48'30	16° 8	9°32	29°20	8°41	15° 4	26°44	7°27	1°24	7° 0	29° 0	29°48	29°19	7° 1
F 7	23 5 54	14°46'42	27°57	11°28	0♌25	9°21	15° 9	26°50	7°25	1°23	6°59	29°D 0	29°44	29°26	6°58
S 8	23 9 51	15°44'56	9♊45	13°24	1°30	10° 0	15°14	26°56	7°23	1°21	6°59	29° 0	29°41	29°33	6°55
S 9	23 13 47	16°43'13	21°36	15°18	2°35	10°40	15°19	27° 2	7°21	1°20	6°59	29°R 0	29°38	29°39	6°52
M10	23 17 44	17°41'31	3♋37	17°12	3°41	11°20	15°24	27° 8	7°19	1°18	6°58	28°59	29°35	29°46	6°49
T 11	23 21 40	18°39'51	15°51	19° 5	4°46	12° 0	15°29	27°14	7°16	1°16	6°58	28°55	29°32	29°53	6°46
W12	23 25 37	19°38'14	28°24	20°58	5°52	12°40	15°33	27°20	7°14	1°15	6°58	28°50	29°29	29°59	6°43
T 13	23 29 34	20°36'39	11♌19	22°49	6°58	13°21	15°37	27°27	7°12	1°13	6°58	28°42	29°25	0♊ 6	6°41
F 14	23 33 30	21°35'05	24°37	24°39	8° 5	14° 1	15°41	27°33	7°10	1°12	6°58	28°32	29°22	0°13	6°38
S 15	23 37 27	22°33'34	8♍19	26°28	9°11	14°42	15°45	27°39	7° 7	1°10	6°57	28°21	29°19	0°19	6°35
S 16	23 41 23	23°32'04	22°20	28°16	10°18	15°22	15°49	27°46	7° 5	1° 9	6°57	28°11	29°16	0°26	6°32
M17	23 45 20	24°30'37	6♎37	0♎ 3	11°25	16° 3	15°53	27°52	7° 3	1° 7	6°57	28° 2	29°13	0°33	6°30
T 18	23 49 16	25°29'11	21° 4	1°49	12°32	16°44	15°56	27°59	7° 0	1° 6	6°D57	27°55	29° 9	0°39	6°27
W19	23 53 13	26°27'47	5♏35	3°34	13°39	17°24	15°59	28° 5	6°58	1° 4	6°57	27°50	29° 6	0°46	6°24
T 20	23 57 9	27°26'25	20° 4	5°17	14°47	18° 5	16° 2	28°12	6°55	1° 3	6°57	27°48	29° 3	0°52	6°22
F 21	0 1 6	28°25'04	4♐26	7° 0	15°55	18°46	16° 5	28°18	6°53	1° 2	6°57	27°D48	29° 0	0°59	6°19
S 22	0 5 3	29°23'45	18°40	8°42	17° 2	19°27	16° 7	28°25	6°51	1° 0	6°57	27°49	28°57	1° 6	6°16
S 23	0 8 59	0♎22'28	2♑43	10°23	18°10	20° 9	16°10	28°32	6°48	0°59	6°58	27°R49	28°54	1°12	6°14
M24	0 12 56	1°21'13	16°35	12° 3	19°19	20°50	16°12	28°38	6°46	0°57	6°58	27°48	28°50	1°19	6°11
T 25	0 16 52	2°19'59	0♒16	13°41	20°27	21°31	16°14	28°45	6°44	0°56	6°58	27°45	28°47	1°26	6° 9
W26	0 20 49	3°18'47	13°45	15°19	21°36	22°13	16°16	28°52	6°41	0°55	6°58	27°39	28°44	1°32	6° 6
T 27	0 24 45	4°17'36	27° 3	16°56	22°44	22°54	16°17	28°59	6°39	0°53	6°58	27°32	28°41	1°39	6° 4
F 28	0 28 42	5°16'28	10♓ 8	18°32	23°53	23°36	16°19	29° 5	6°36	0°52	6°59	27°23	28°38	1°46	6° 2
S 29	0 32 38	6°15'21	23° 0	20° 8	25° 2	24°18	16°20	29°12	6°34	0°51	6°59	27°14	28°35	1°52	5°59
S 30	0 36 35	7♎14'16	5♈39	21♎42	26♌11	24♏59	16♊21	29♎19	6♈31	0♓50	6♑59	27♏ 5	28♏31	1♊59	5♓57

图 5-30 占星历

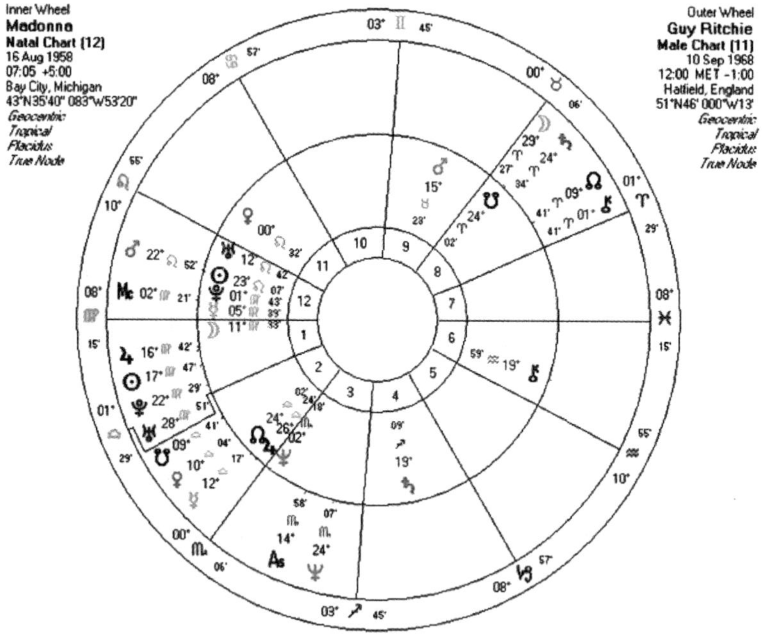

图 5-31 占星盘上显示天上星体的位置

3. 江恩时间工具(江恩纪念日)

江恩讲“已有之事将来必有，易行之事将来必行，太阳底下无新事”，宇宙中自然界生生不息，周而复始。以占星学讲，恒星过宫的时候，恒星跟其他行星形成特定的角度都会有特定的周期及时间。而金融市场也是宇宙中的一个生命体，所以也有自己的周期循环及走势，也受恒星运行的影响。

江恩在《华尔街45年》中提到“我写这本书的目的是给读者一些关于时间周期全新的、有价值的规则，这些规则可以预测未来的最高点和最低点。如果你研究并运用这些规则，那么将来它们必然使你受益。我在研究中发现，股票会在它们已经到达过最高价和最低价的月份发生重要的转势。我称这些日子为周年纪念日(Anniversary Date)，每年你都应当留心市场可能在这些重要的日子发生转势。”

江恩纪念日(Anniversary)是江恩独特的预测时间的工具。江恩纪念日是在顶部或底部形成之后，例如2007年恒生指数的高位发生在2007年10月30日，其后的一年或未来每年的10月30日都会是这顶部的周年纪念日。

以恒生指数日线图为例，如图5-32所示，恒生指数于2007年10月30日达到31958点见顶，我们利用江恩纪念日去预测其后的转势日，结果恒生指数于2008年10月27日见底，及其后2009年10月23日见了高位。

我们在Gannalyst professional5.0中点击“交易日或自然日”，其后图表将变成自然日图表，如图5-33所示。

以上证指数日线图为例，如图5-34所示，上证指数于2007年11月1日达到5860点见顶，上证指数在362天自然日后，看到了循环低位，其后于2009年10月23日再次见高位后转势向下。

以恒生指数日线图为例，如图5-35所示，恒生指数于2007年10月30日达到31958点见顶，恒生指数于361天自然日后，看到了循环的低位，即是恒生指数于2008年10月27日见底，其后361天自然日，即2009年10月23日又见了高位。

图 5-32　恒生指数 2007 年周年纪念日每 360 日转势

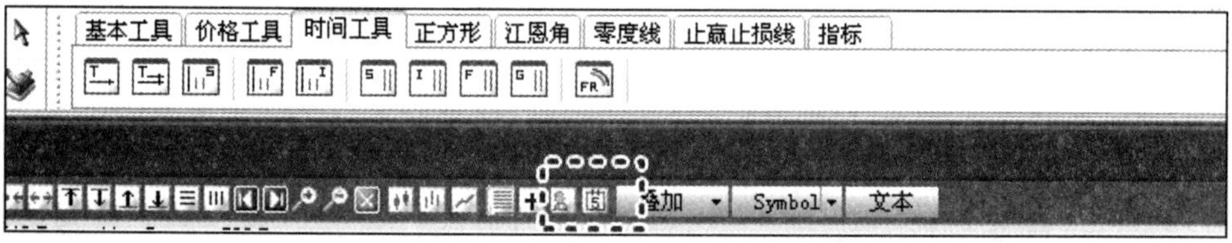

图 5-33　交易日或自然日

以黄金现货日线图为例，如图 5-36 所示，同样可以应用江恩纪念日。如 2015 年 12 月 30 日的低位开始数 360 天自然日，你会在 360 天之后，即 2016 年 12 月 30 日附近又见另一个低点。

我们再以另一例子去验证江恩纪念日，如图 5-37 所示，在香港上市的建设银行于 2010 年 11 月 5 日上涨到 8.22 港元的高

图 5-34　上证指数 362 天周年纪念日

图 5-35　恒生指数 361 天周年纪念日

图 5-36　以黄金现货 360 天周年纪念日

图 5-37　建设银行 360 天周年纪念日

位，该日是江恩纪念日，即其后的一年或未来每年的 11 月 5 日都会是这顶部的周年纪念日。其后该股在大跌后反弹，于 2011 年 11 月 4 日出现一个次级高位，如果我们用数 360 天自然日，会数到 10 月 31 日。数 365 天，即数到 11 月 5 日，回调的开始。

4. 江恩纪念日再分割

在前面章节，我们介绍了节气与江恩理论的关系。江恩理论利用江恩的分割工具，将圆形一分为二，为四，为八，在八的基础上又细分为十二等分和二十四等分，从而得出节气。而在 30 年，10 年，7 年周期循环和黄金比率等，都利用分割，再得出周期循环。

圆形是一个完整的周期循环，圆的特点是“周而复始”，也是 360°，也是一年 360 天，也符合江恩纪念日。利用江恩独有的四分，七分及八分等去将一个完整的周期再分割，如图 5-38 所示，将会得出不同的转势日。而将一个圆再分割，即以江恩纪念日再分割，从而对一些时间的转势时间，掌握得更为准确。

如此江恩纪念日以四分去分割，即 1/4，1/3，1/2 及 3/4 的时间单位，即是 90 日，120 日，180 日及 270 日，这些分割出来的日子，使我们可以对指数或商品中间的细微变化掌握得更好。同样我们可以将此分割成七分或八分，但本书只会讨论四分的分割。

如图 5-39 所示，上证指数日线图于 2007 年 11 月 1 日上涨到 5860 点见顶，上证指数在 362 天自然日后，看到了循环的低位。如果我将纪念日再分割为 90 日，120 日，180 日及 270 日，即是 1/4，1/3，1/2 及 3/4 等比率，我们会发现在自然日的 90 日，120 日，180 日及 270 日时都会发生相应的转势及变化。

如图 5-40 所示，汇丰银行为香港上市的大型国际银行，利用江恩纪念日，以 2015 年 4 月 27 日为开始 360 天自然日会再次出现顶部。如果我将纪念日再分割为 90 日，120 日，180 日及 270 日，即是 1/4，1/3，1/2 及 3/4 等比率，你会发现在自然日的 90

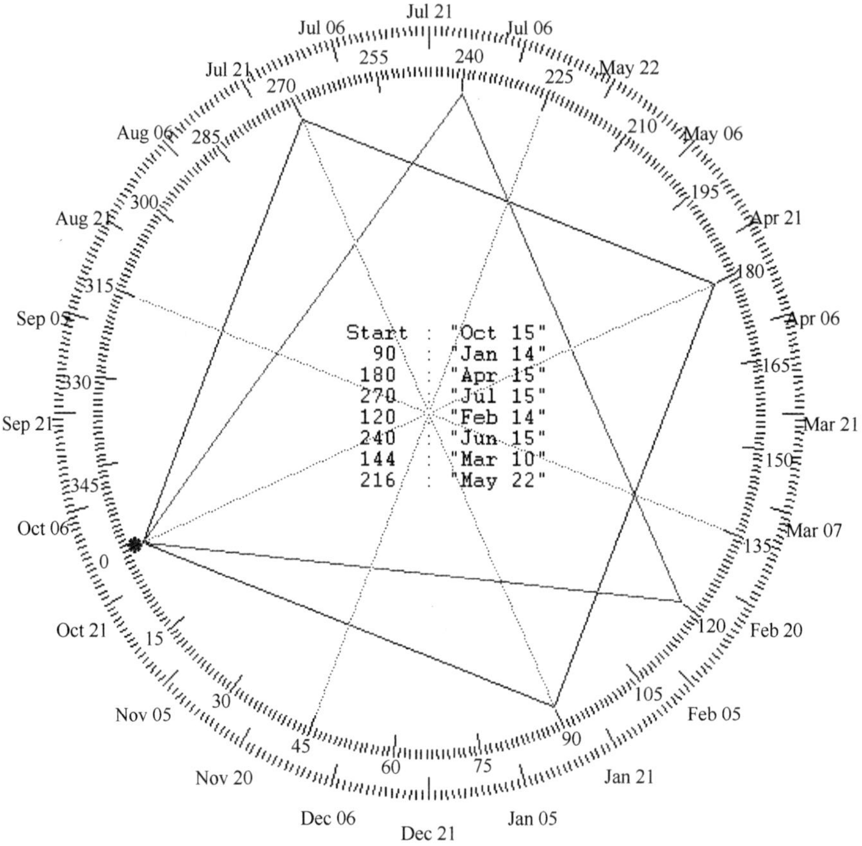

图 5-38　圆形一分为二，为四，为八

日，120 日，180 日及 270 日时都会发生相应的转势及变化。每次遇到这些日子都会有反转或变盘的走势。

如图 5-41 所示，以汇丰银行为例，利用江恩纪念日，于 2009 年 3 月 9 日开始 360 天自然日后会再出现顶部。如果我将纪念日分割为 90 日，120 日，180 日及 270 日，即 1/4，1/3，1/2 及 3/4 等比率，你会发现在自然日的 90 日，120 日，180 日及 270 日时都会发生相应的转势及变化。每次遇到这些日子都会有反转或变盘的走势。

如图 5-42 所示，为恒生指数日线图。恒生指数于 2007 年 10 月 30 日上涨到 31958 点见顶，如果我将纪念日再分割为 90 日，

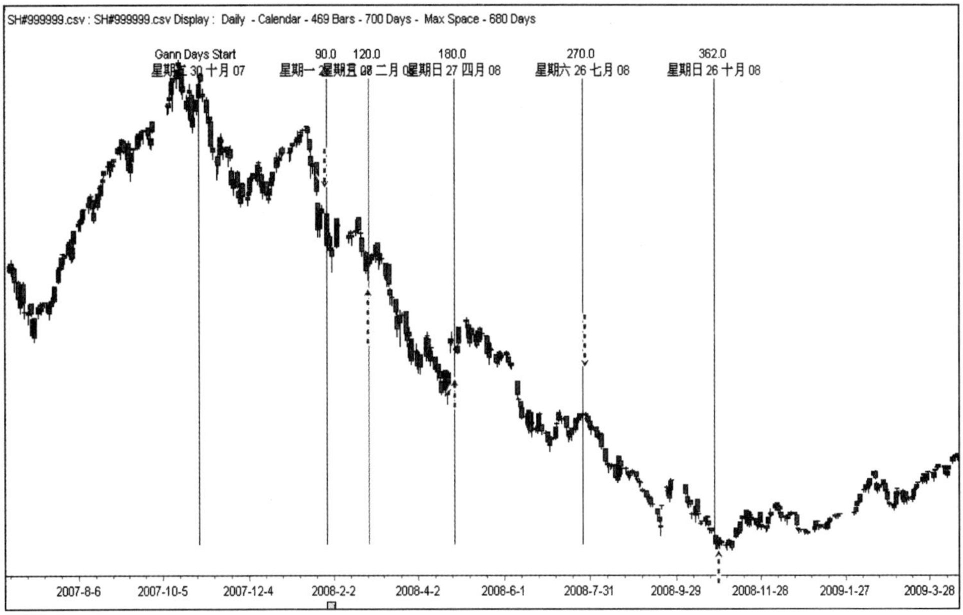

图 5-39　上证指数 2007 年 362 天自然日分割

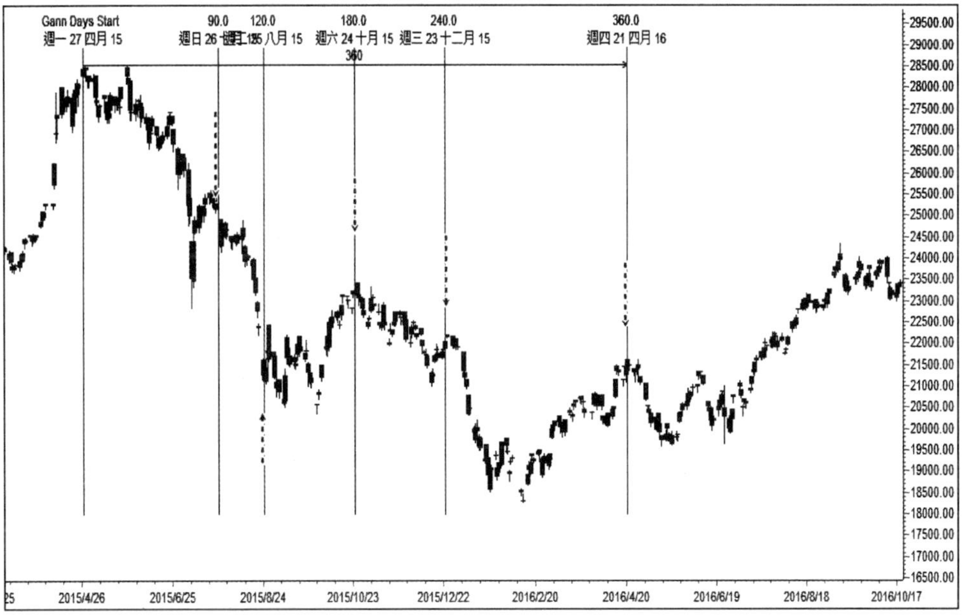

图 5-40　汇丰银行 2015 年 360 天自然日分割

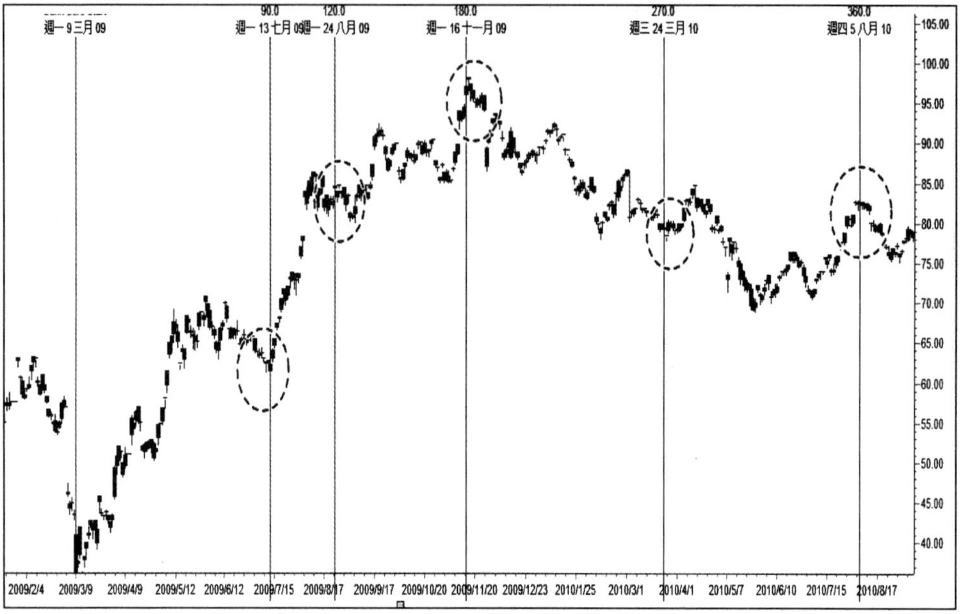

图 5-41　汇丰银行 2009 年 360 天自然日分割

120 日，180 日及 270 日，即 1/4，1/3，1/2 及 3/4 等比率，我们会发现在自然日的 90 日，120 日，180 日及 270 日时都会发生相应的转势及变化，而图中恒生指数日在 4 个纪念日时都见高位，然后回调。

美国科技股龙头苹果计算机利用江恩纪念日走势进行分割，其转势也无所遁形。如图 5-43 所示，利用 2015 年 7 月 15 日的高点于 360 天江恩纪念日循环见到另一个高点。再利用江恩纪念日的四分相的方法，将纪念日以 1/4，1/3，1/2 及 3/4 等比率，再分成 90 日，120 日，180 日及 270 日自然日，我们会发现在自然日的 90 日，120 日，180 日及 270 日时都会发生相应的转势及变化，包括 90 日见顶回调，120 日略为反弹，180 日及 270 日见顶后再次回调。

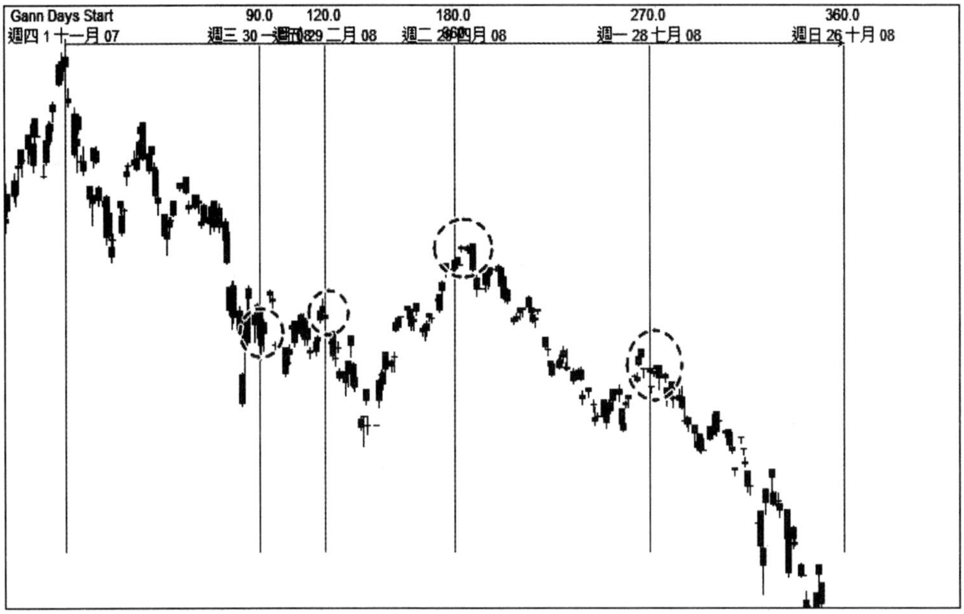

图 5-42　恒生指数 2007 年 360 天自然日分割

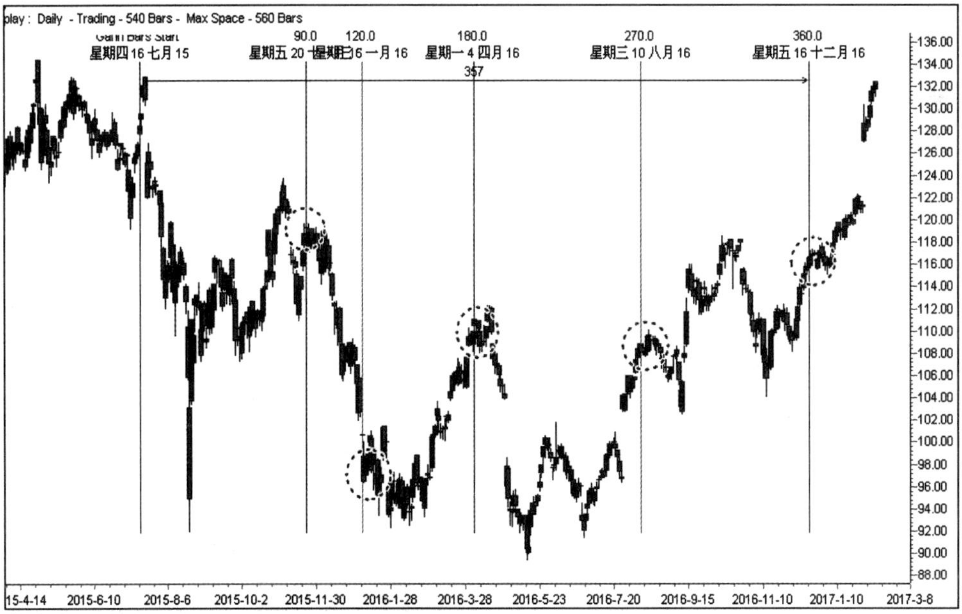

图 5-43　苹果计算机 2015 年 360 天自然日分割

以中航机电在2007年7月27日的高点，根据江恩纪念日的四分相的方法。将纪念日以1/4，1/3，1/2及3/4等比率，再分成90日，120日，180日及270日的自然日，我们会发现在自然日的90日，120日，180日及270日时都会发生相应的转势及变化(图5-44)。

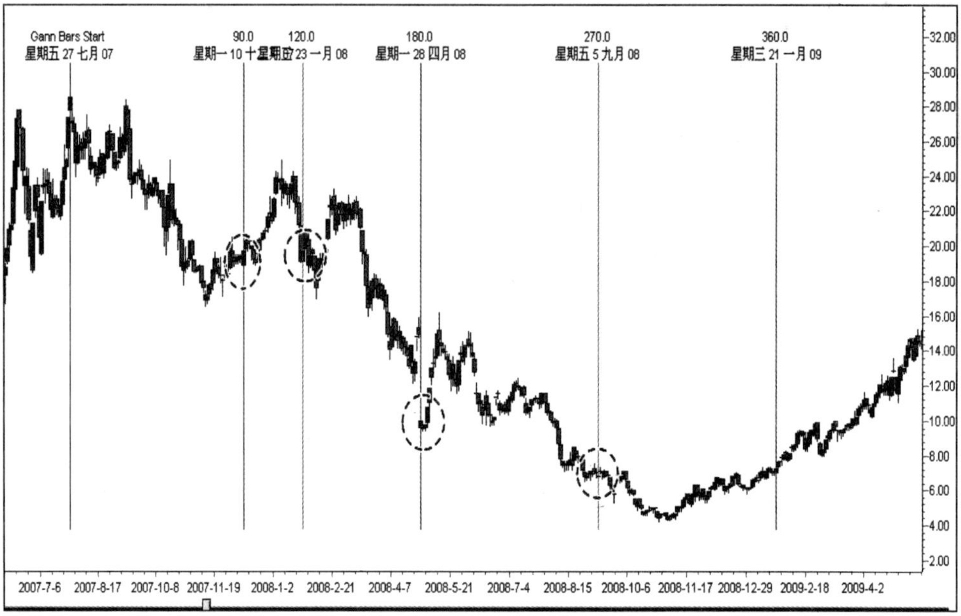

图5-44　中航机电2007年360天自然日分割

5. 周线图及月线图中的转势-小型周期循环

前面章节提及的30年、10年、7年及5年周期循环，转势日等周期循环理论很重要，而以周及月的周期循环理论也是非常重要。前面章节曾讲过“周期之间是互相重叠地有规律运行，一个大周期中间，将会有很多大大少少的中期及短周期运行”，如图5-45所示。而周及月的周期循环理论对短期的股市转折部署，经常起到决定性的作用。如果我们可以捕捉转势周及转势月，那我们在中线的部署将更加如有神助。

在周线图上，江恩认为较长的周期是：30周、45周、60周、63周、72周、90周、120周、180周和240周等。在一个升市之中，市场的调整通常有2～3个星期，偶尔会有4个星期，之后，市场通常

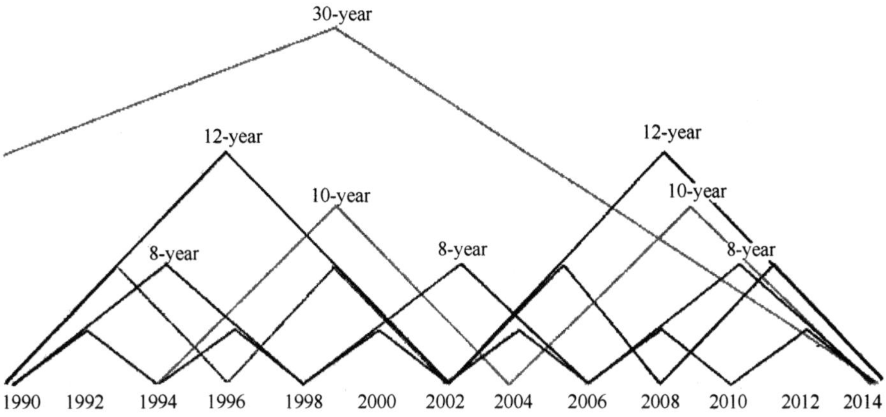

图 5-45 大周期中混合大大少少的中期及短期调期运行

会恢复上升势头。江恩提出以下两个规则作依据：

(1)在升市调整中，可预期市场会在第 3 周的中间时间见底回升，而以全周高位收市。

(2)在某些情况下，市场要第 4 周才能调整完毕，之后市场会以全周高位收市。

在大升市中，若成交量充足，则市场可能会上升至第 7 周，然后才会出现调整。在某些极端的例子，市场甚至会上升到 13 ～ 15 周(即 1/4 年)才会出现调整。

5. 江恩工具——转势周及转势月

上文中只是江恩对过去多年的经验以星期作为单位的走势作出的一个概括性描述，而在江恩理论中认为股市是一个生命体，每个市场都有自己特定的波动率。我们可以利用江恩理论，在周线图中和月线图中循环找出该市场独有的波动率，即转势周及转势月。跟转势日一样，是指指数或商品在特定的时间中，会产生趋势、会产生转势或急速的突破。

(1)指数或商品向某一个方向(向上/向下)运行，当转势周及转势月的时间会产生另反方向转势。

(2)指数或商品向某一个方向(向上/向下)运行，当转势周及转势月的日子急速向原有方向突破。

而注意一点是转势周及转势月有时会延迟或提早一至两周，所以我们要留意转势周及转势月前后两周或两月。

而在周线图及月线图中找出转势周及转势月方法很简单，跟江恩纪念日相似，我们只要在重要的市场高位及低位，数至其后的重要低位及高位相隔的时间，其后同样相隔的时间，就会发生转势。

以恒生指数周线图为例，如图 5-46 所示，恒生指数于 2007 年 10 月的顶部开始向其后低位相隔 52 个星期，其后的每隔 52 个星期，都会产生转势，而一年正好是 52 个星期或 365 日。

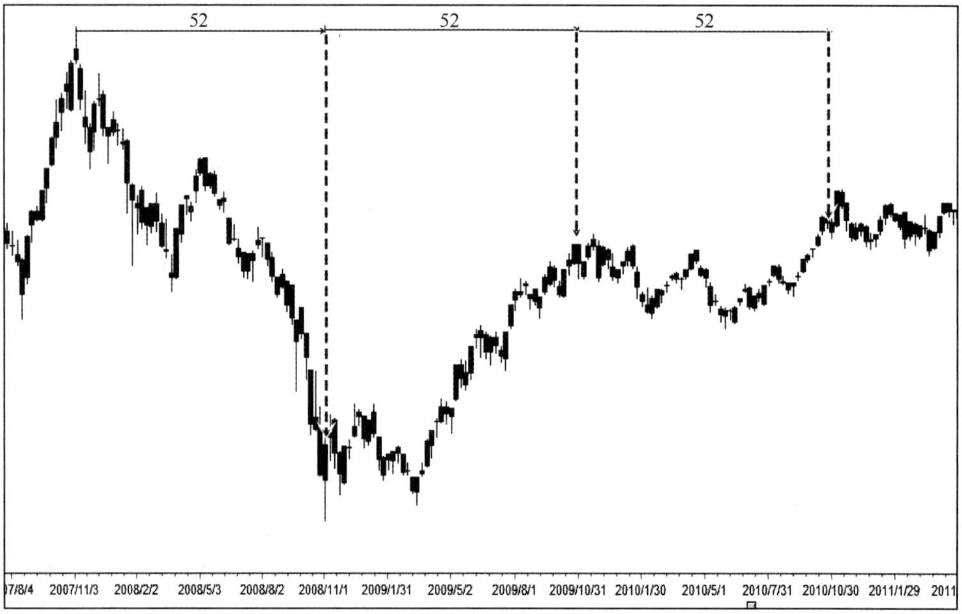

图 5-46　恒生指数每隔 52 个星期转势

2008 年 10 月最后一个星期，第一个 52 个星期转势周后，其后一个星期即由最低的 10616 点升至 15317.83 点，而其后更有挑战更高位的尝试。

2009 年 10 月最后一个星期，第二个 52 个星期转势周后，由此位置见高位，所以理应向下，其后一个星期即由最高的 22589.73 点跌至 21130 点。

2010 年 10 月第三个星期，第三个 52 个星期转势周后，由于当周是由高位回调，所以理应转势向上，其后一个星期即由 22880 点升至 24931 点。

如图 5-47 所示，上证指数也是同样是受制于 52 周循环周期，上证指数周线图中于 2007 年 10 月的顶部开始向其后低位相隔 52 个星期，其后的每个 52 个星期，都会产生转势。而留意一年正好是 52 个星期，约即 365 日，与江恩纪念日正好互相配合。

图 5-47　上证指数每个 52 个星期转势

2008 年 10 月最后一个星期，第一个 52 个星期转势周后，上证指数由最底的 1825 点反弹至之后的高位计，约 1700 点。

2009 年 10 月最后一个星期，第二个 52 个星期转势周，但高位迟了一个星期发生，此周因为发生高点，其后理应向下。此周之后上证指数回调约 1000 点。

2010 年 10 月 6 日那一星期，第三个 52 个星期转势周后，由于当周再次出现高位，所以理应转势向下，其后回调约 500 点。

2011 年 11 月 12 日那一个星期再次出现 52 周循环高点，其后大市再一次反转下跌约280点。

2012年12月1日那一个星期，第五个52个星期转势周后，出现了52周循环底点，其后大市反弹了约500点。

其后2013年及2014年的周期也有相对的转势。而2015年的12月5日的那个星期，上证见了2015年大牛市回调后的反弹高点，其后2016年1月份发生约1000点回调，如读者掌握此转势周理论，应会知道其后理应回调而避过此段回落走势。

如图5-48所示，万科A于2007年11月3日那一个星期见顶，其后由高点至底点中间距离45星期。其后的每隔45个星期，都会产生转势。

图5-48　万科A每45星期转势

第一个45星期周期循环，是由2007年11月3日那一个星期见顶开始数45个星期，其后一直反弹至下一个45个星期循环，共上升9.81元。

2009年8月8日那一个星期发生第二个45星期周期循环，其后见顶回调至下一个45个星期循环，约下跌了7.6元。

不同的周期，会作出不同的结果。以恒生指数周线图为例，如图5-49所示，恒生指数于2007年10月的顶部开始向其后次级的低位相隔20个星期，其后的每隔20个星期，都会产生转势。2008年3月第三个星期，第一个20星期转势周后，恒生指数此周收跌，而理应向上，结果恒生指数由最低的20572点升至5月份的26387点。

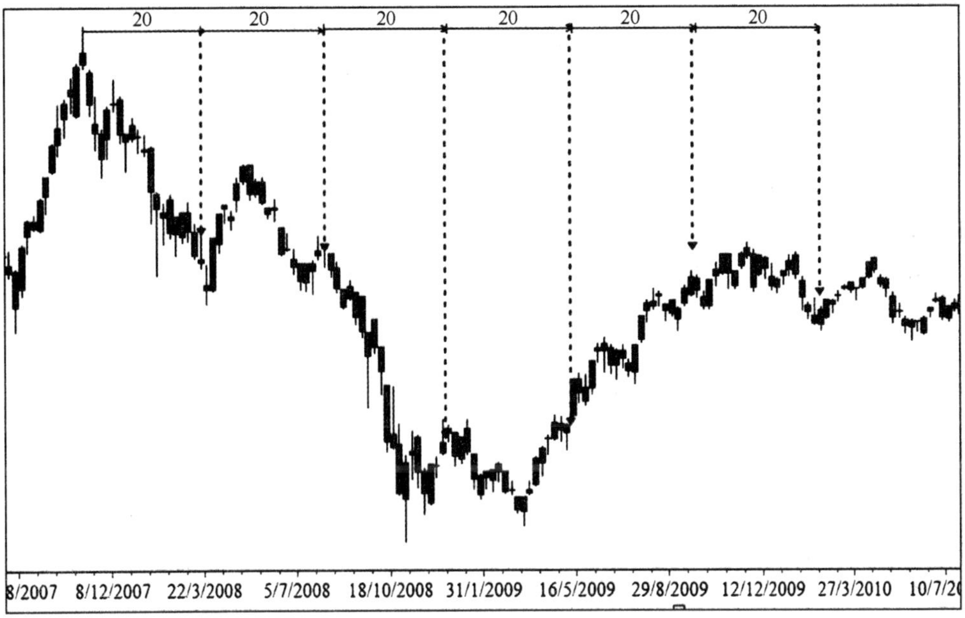

图5-49　恒生指数每20个星期转势

2008年7月最后一个星期，第二个20星期转势周后，恒生指数此周势头向上，而理应向下，结果恒生指数由最高的22881跌至10月份的10676.29点。如图5-50所示，深证成指于2015年6月于18198点见顶与其后底部14个星期后见底，再其后的每隔14个星期，都会产生转势。

深证成指于2015年6月见顶，14个星期后，于2015年9月19日那个星期见底，其后开始发生报复性反弹并于下一个14个星期的周期循环见顶，上升约3900点。

其后2015年12月26日那个星期，是第二个14星期周期循环，见高位，而理应回调，其后一直回调约4000点。

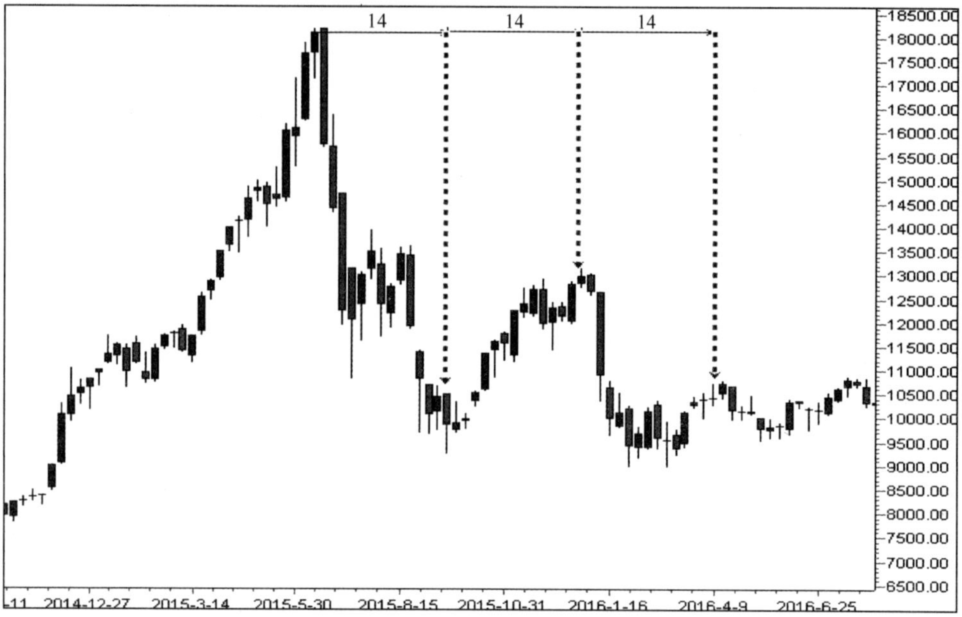

图 5-50 深证成指每 14 个星期转势

深证成指于第三个 14 个星期周期循环，再一次见高点。而其后走势理应回调，之后实际走势回调了约 1300 点。

同样的方法可以应用在个股上，以建设银行周线图为例，如图 5-51所示，建设银行于 2010 年 11 月初升到 8. 22 港元之后，我们开始向其后低位数相隔的时间，发现其后每 48 个星期，都会产生转势。

2011 年 10 月第一个星期，第一个 48 个星期转势周后，由最低的 4. 75 港元升至 6. 54 港元。

2012 年 9 月最后一个星期，第二个 48 个星期转势周后，股价其后由 5. 07 港元升至最高的 6. 75 港元。

2013 年 8 月第一个星期，第三个 48 个星期转势周后，由于当周是收在低位，按理是指数或商品向某一个方向(向上/向下)运行，当转势周及转势月的时间会产生反方向转势。所以，判断是反弹，结果股价由当前的 5. 55 港元升至最高的 6. 33 港元。

2014 年 7 月第二个星期，第四个 48 个星期转势周后，股价由当前的 5. 51 港元升至 2015 年 5 月的 7. 79 港元。

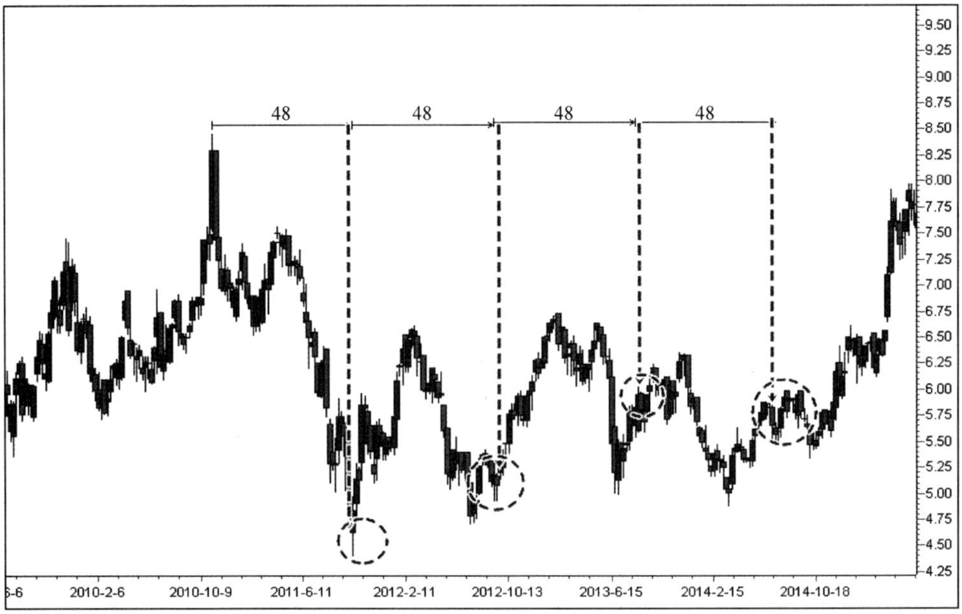

图 5-51　建设银行每 48 个星期转势

6. 江恩角度线——时间因子

江恩角度线是按时间与价位之间的比例制作，由市场的重要顶点或底部延伸出来，以判别市势的好淡，其中最重要的是 1×1 线。1×1 线所代表的，乃是一个单位的时间相等于一个单位的价位，当市场到达这个平衡点时，对市场便会发生作用。江恩角度线是指根据股票及商品的时间及价位，即其独有的波动率去画成的扇形预测工具。它代表了时间与价位处于平衡的关系，若根据某一模式的时间、价位同时到达这一平衡点时，市场将发生重大震荡。

"当时间与价位成四方形，市场转势便迫在眼前。"当市场的时间与价位存在着数字的关系，其市场即会发生转势。

但如何理解当时间与价位成四方形？在此希望抛砖引玉，正方形依对角线切成两半，将会分成两个直角三角形。正方形当时间(Y)及价格(X)形成一个 45°角线(即三角形)，或者成某个比率，转势就会在眼前。45°角度线即 1×1 线，某个比率如 1×2 线等江恩角度线，如

图 5-52 所示。

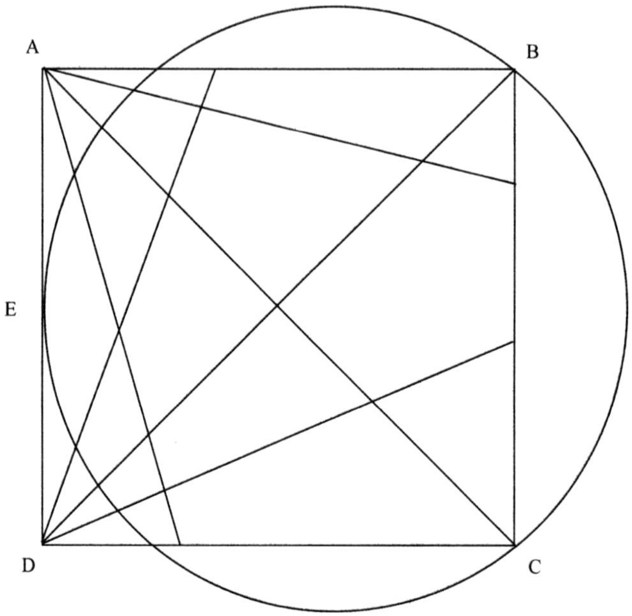

图 5-52　江恩角度线与几何数学

当市场到达这个平衡点时，转势就会发生。那平衡点是什么？根据笔者的经验，每当两条江恩角度线相交的时间，其后股价走势将会反转。原因是如音乐频率中 DO(C)，RE(D)，MI(E)，FA(F)，SO(G)，LA(A)，SI(B)七个音阶中，当不同的频率与其他频率产生比率上的关系，将形成和谐与共振。同样将江恩角度线想象成七个音阶，如两个音阶相交，即会产生比率上的关系，将形成和谐与共振，市场走势就会转势。

所以江恩角度线是江恩理论中其中一个重要工具，江恩角度线除了是一个强劲的支撑及阻力的价格工具，也是非常神奇的计数转势日的工具。

经过我长时间研究发现，只要两组以上的江恩角度线相交(图 5-53)，也即是“代表了时间与价位处于平衡的关系”，那么转势就会发生在眼前。

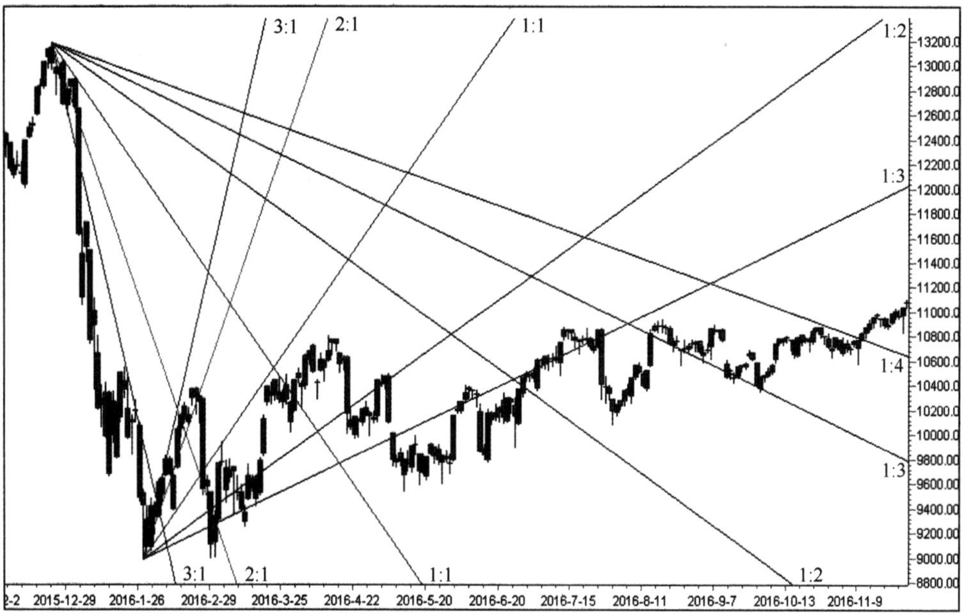

图 5-53 江恩角度线相交产生共振

应用的方法很简单，只要在高位及低位中，分别画出两组江恩角度线，而江恩角度线两线相交的位置，即是大盘转势的日期，即转势日。

我们在使用江恩角度线计算转势日日期时，不同角度线相交的组合会有不同，当然 1×1 线与 1×1 线相交威力是最强的，其次是 1×2 线，1×3 线，依此类推。不过我们通常看到的 1×8 线，因为很远所以江恩角度线准确度较差。

(1)1×1 与 1×1 相交；

(2)1×2 与 2×1 相交；

(3)1×3 与 3×1 相交；

(4)1×4 与 4×1 相交；

(5)1×1 与 1×2 或 2×1 相交；

(6)1×1 与 1×3 或 3×1 相交；

(7)1×1 与 1×4 或 4×1 相交；

(8)1×2 与 1×4 或 4×1 相交；

7. 以固定的波动率江恩角度线计数转势日

前面的章节，每一个商品及指数价格都有自己独有的生命特性，即基因遗传。特定的"波动率"及因子操控。如何计算及获得波动率成为学习江恩理论的关键，也是如何绘制江恩角度线的核心。而利用不同的波动率计数角度线，也会得出不同的转势日。以下是利用固定的江恩波动率去绘制角度线。

以恒生指数日线图为例，如图 5-54 所示，我们于 2013 年 5 月 17 日的顶部及 2013 年 6 月 25 日的底部，分别以固定的波动率 50 点画出两组不同的江恩角度线，我们发现每逢两组江恩角度线两线相交的位置，都会发生不同程度的转势，分别如下：

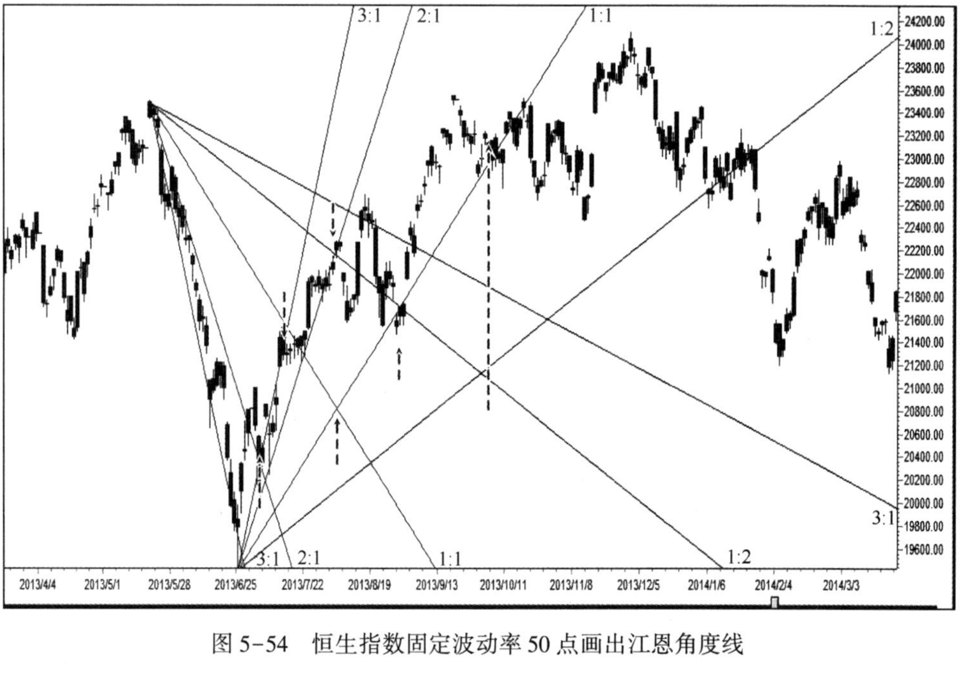

图 5-54　恒生指数固定波动率 50 点画出江恩角度线

(1)2013 年 7 月 3 日 2×1 线及 3×1 线相交，恒生指数当日做底，所以按照我们的转势日理论，理应转势向上，结果之后反复向上至下一个转势日。

(2)2013 年 7 月 15 日 1×1 线及 3×1 线相交，恒生指数当日做底，所以按照我们的转势日理论，理应转势向上，结果大市次日开始仍然整固之后几日突破向上。

(3)2013 年 8 月 2 日两组不同的江恩角度线，包括 1×2 线及 2×1 线和 1×1 线及 1×1 线都于 8 月 2 日此转势日相交，同时恒生指数当日做顶，所以按照我们的转势日理论，理应转势向下，结果大市次日开始实时突破向下，最大跌幅约 720 点。

(4)2013 年 8 月 29 日 1×2 线及 1×1 线相交，恒生指数当日做底，所以按照我们的转势日理论，理应转势向上，结果大市次日开始实时突破向上，最大涨幅约 2000 点。

(5)2013 年 10 月 2 日 1×2 线及 1×2 线相交，恒生指数当日十字星，没有启示，但因转势日有机会延迟 1～2 天，其后恒生指数次日 10 月 3 日见顶，次日开始转势向下回调。

以深证成指日线图为例，如图 5-55 所示，我们于 2015 年 12 月 23 日的顶部及 2016 年 1 月 28 日的底部，分别以固定的波动率 45 点画出两组不同的江恩角度线，我们发现每逢两组江恩角度线两线相交的位置，都会发生不同程度的转势，分别如下：

(1)2016 年 2 月 24 日 2×1 线及 1×1 线相交，深证成指当日处于顶部，所以按照我们的转势日理论，理应转势向下，结果之后大阴线下跌，其后一直回调约 1300 点。

(2)2016 年 2 月 29 日 1×2 线及 2×1 线相交，深证成指当日做底，所以按照我们的转势日理论，理应转势向上，结果大市次日开始反弹直至 1×1 线。

(3)2016 年 3 月 22 日 1×1 线及 1×1 线相交，同时深证成指当日做顶，所以按照我们的转势日理论，理应转势向下，结果大市其后开始向下，最大跌幅约 400 点。

(4)2016 年 4 月 20 日 1×1 线及 1×2 线相交，深证成指前后一日做顶，结果大市次日开始大阴线下跌。

(5)2016 年 5 月 30 日 1×2 线及 1×2 线相交，深证成指当日十字星形态见底，所以按照我们的转势日理论，理应转势向上，其后上升约 700 点。

(6)2016 年 6 月 24 日 1×3 线及 1×2 线相交，深证成指当日做底，所以按照我们的转势日理论，理应转势向上，其后上升约 749 点。

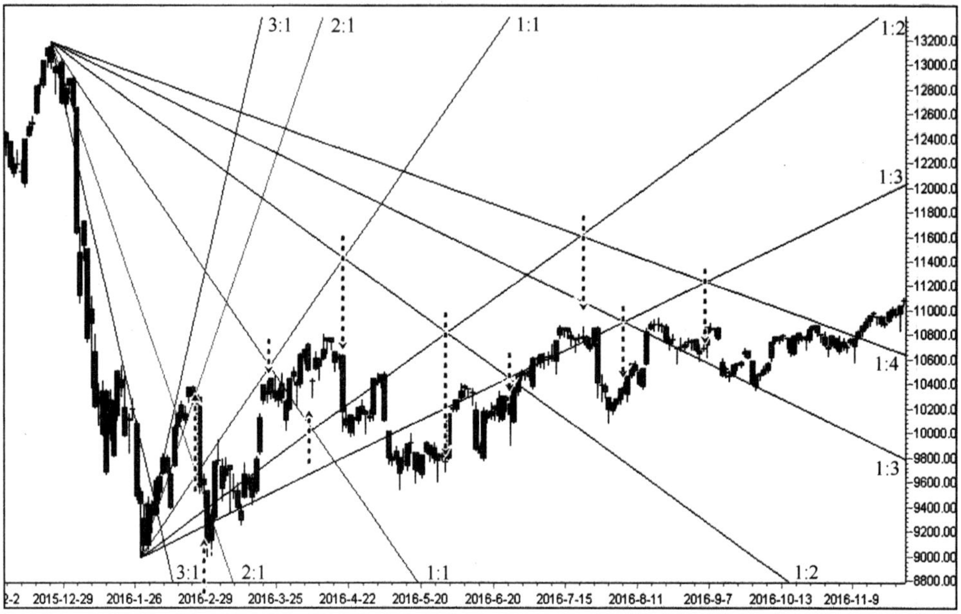

图 5-55　深证成指以固定的波动率 45 点画出江恩角度线

(7)2016 年 7 月 21 日 1×4 线及 1×2 线相交，深证成指在高位徘徊，所以按照我们的转势日理论，理应转势向下，其后仍然在高位徘徊几个交易后开始下跌，最大跌幅约 700 点。

(8)2016 年 8 月 5 日 1×3 线及 1×3 线相交，深证成指正在处于反弹势头，而当日转势日并没有发生相应效果。

(9)2016 年 9 月 6 日 1×3 线及 1×4 线相交，深证成指当日做顶，所以按照我们的转势日理论，理应转势向下，其后回调至 1×3 线或 470 点。

ST 股虽然基本因素比较一般，但投机价值比较大，风险愈高回报愈高。如图 5-56 所示，ST 钱江利用江恩转势日理论，也能预测多个转势日。2016 年 6 月 15 日及 2016 年 7 月 8 日分别画出波动率为 0.1 点的角度线，我们发现每逢两组江恩角度线相交的位置，都会发生不同程度的转势，分别如下：

(1)2015 年 7 月 23 日 3×1 线及 3×1 线相交，ST 钱江当日处于顶部，所以按照我们的转势日理论，理应转势向下，结果之后开始下

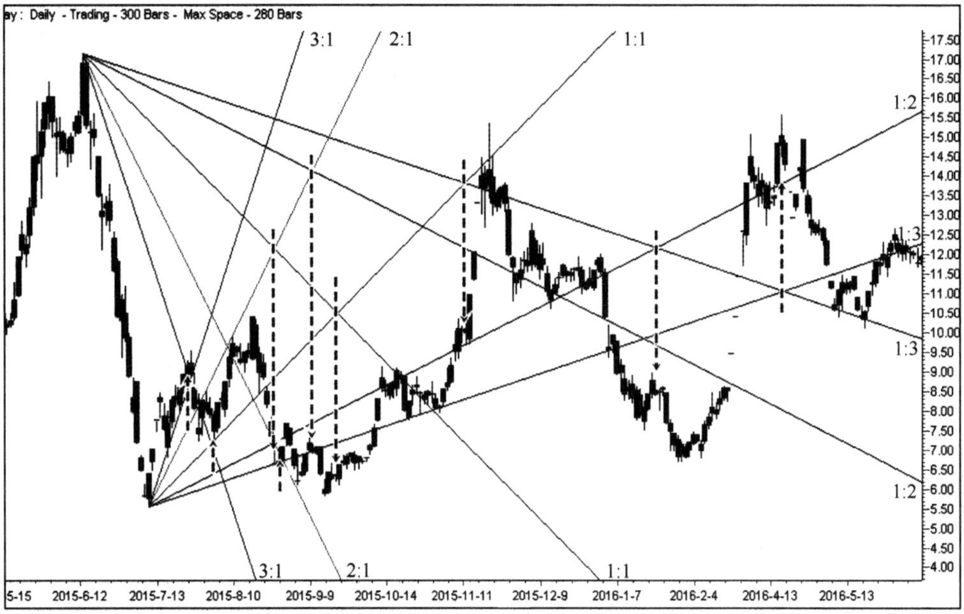

图 5-56　ST 钱江以固定的波动率 0.1 点画出江恩角度线

跌，并一直回调至 2.32 元。

(2)2015 年 8 月 2 日及 3 日两日分别是 1×1 线及 3×1 线和 3×1 线及 2×1 线两组线分别相交，我们取最后一个转势日。ST 钱江当日处于底部，所以按照我们的转势日理论，理应转势向上，结果之后反弹约 3 元。

(3)2015 年 8 月 25 日 1×1 线及 2×1 线相交，及 2×1 及 1×1 线相交。ST 钱江当日处于低位，所以按照我们的转势日理论，理应转势向上。其后一连两日反弹了约 1.22 元。

(3)2015 年 9 月 10 日 2×1 线及 2×1 线相交，ST 钱江当日处于高位，所以按照我们的转势日理论，理应转势向下。其后一连回调两日约 1.4 元。

(4)2015 年 9 月 21 日 1×1 线及 1×1 线相交，ST 钱江当日是回调下跌，所以按照我们的转势日理论，理应转势向上。其后一直反弹了 2.47 元至 1×1 线才停止。

(5)2015 年 11 月 12 日 1×1 线及 1×3 线相交，ST 钱江当时在一

个大升浪之中，突破当日回调下跌，所以按照我们的转势日理论，理应转势向上。其后出现暴力拉升 5.61 元至 1×1 线才停止，2016 年 1 月 21 日及 4 月 15 日也出现相应的转势。

江恩理论能套在任何市场及商品的价格上，如图 5-57 所示，以现货黄金日线图为例，以固定波动率 1 点，并由 2013 年 12 月 31 日及 2014 年 3 月 17 日发生两组江恩角度线，我们发现每逢两组江恩角度线相交的位置，都会发生不同程度的转势，分别如下：

(1)2014 年 4 月 14 日，现货黄金当日做顶，当日 1×2 及 2×1 线相交，以我们的转势日理论，如当日做顶其后理应向下。结果其后大跌约 64 美元。

(2)2014 年 4 月 23 日，现货黄金当日在底部徘徊，当日 1×2 及 2×1线相交，以我们的转势日理论，其后可能反弹。虽然次日轻微跌穿之前转势日当日底部，但其后反弹约 26 美元。

(3)2014 年 5 月 12 日，现货黄金当日在长下影阴 K 线，当日1×1 与 3×1 线相交，并正好跌在 1×1 及 3×1 的相交位置，时间价格振荡，

图 5-57　现货黄金以固定波动率 1 点画出江恩角度线

当日实时见底反弹。其后反弹至1307或2×1阻力线才回调。

(4)2014年5月29日，现货黄金当日1×1及2×1线相交，及2×1及3×1线相交，两组不同的角度线同时指出当日是转势日，按转势日理论，之后应该反弹，结果金价开始见底反弹102美元。

(5)2014年8月11日现货黄金再一次经历转势日，当日1×1及1×2江恩角度线相交。当日大市在高位徘徊，按理论理应向下，结果金价开始一个漫长的大跌浪，跌幅超过137美元。而其间2014年9月3日1×1及1×2线相交当日曾作轻微反弹，但反弹位置受制于两条江恩角度线相交的价格阻力。结果转势日影响短线反弹，其后仍然向下。

第六章

黄金比率与和谐交易

天文学家克卜勒(Johannes Kepler)说:“几何拥有两件至宝:一件是毕达哥拉斯定理;另一件是把线段做中末比分割。第一件足以和黄金媲美;第二件我们或可称之为珍贵的珠宝。”

一、黄金比率起源

在公元前 6 世纪古希腊的毕达哥拉斯学派研究过正五边形和正十边形的作图,因此现代数学家们推断当时该学派已经掌握了黄金分割。公元前 4 世纪,古希腊数学家欧多克索斯第一个系统研究了这一问题,并建立了比例理论。而公元前 300 年前后欧几里德撰写的《几何原本》则更进一步成为最早的有关黄金分割的论著。

1202 年,意大利数学家斐波那契(Leonardo Fibonacci)出版了他的“算盘全书”。书中提出了一个关于兔子繁殖的问题:如果一对兔子每月能生一对小兔(一雄一雌),而每对小兔在它出生后的第三个月里,又能开始生一对小兔,假定在不发生死亡的情况下,由一对出生的小兔开始,50 个月后会有多少对兔子?

在第一个月时,只有一对小兔子,过了一个月,那对兔子成熟了,在第三个月时便生下一对小兔子,这时有两对兔子。再过多一个月,成熟的兔子再生一对小兔子,而另一对小兔子长大,有三对小兔子。如此推算下去,我们便发现一个规律,如表 6-1 所示。

斐波那契

表 6-1 斐波那契提出兔子繁殖问题

时间(月)	初生兔子(对)	成熟兔子(对)	兔子总数(对)
1	1	0	1
2	0	1	1
3	1	1	2
4	1	2	3
5	2	3	5
6	3	5	8
7	5	8	13
8	8	13	21
9	13	21	34
10	21	34	55

由此可知，从第一个月开始以后每个月的兔子总数是：1，1，2，3，5，8，13，21，34，55，89，144，233…

若把上述数列继续写下去，得到的数列便称为斐波那契数列。数列中每个数便是前两个数之和，而数列的最初两个数都是1。若设 $F_0=1$，$F_1=1$，$F_2=2$，$F_3=3$，$F_4=5$，$F_5=8$，$F_6=13$… 则：当 $n>1$ 时，$F_{n+2}=F_{n+1}+F_n$，而 $F_0=F_1=1$。下面是一个古怪的式子，称为斐波那契数列数式：

$$F_n = \frac{1}{\sqrt{5}}\left[\left(\frac{1+\sqrt{5}}{2}\right)^{n+1} - \left(\frac{1-\sqrt{5}}{2}\right)^{n+1}\right]$$

于是斐波那契提出的一连串的数字，它们是：

0，1，1，2，3，5，8，13，21，34，55，89，144，233，377，610…

每个接连的数字都是由前两个数字相加而成的。而这一组经过运算后，这一连串的数字都有一定的关系。例如，用后一个数字除去前一个数字时，所得出的答案大约等于 0.618（21/34 = 0.617647），与黄金比率有关。

黄金比例可以透过以下代数式定义：

$$\frac{a+b}{a} = \frac{a}{b} \overset{def}{=\!=} \phi(a > b > c)$$

我们常见的黄金比率为 0、0.236、0.382、0.618、0.786 及 1，此外，也会用到 1.382，1.618 等数值。黄金数字间也互有关系，如两个重要的黄金数字 0.618 及 0.382，两者相加为 1，即 1−0.618 = 0.382，所以可以利用同理将 1−0.236 = 0.764。同样地，也可将 0.382 乘 2 得出 0.764。此外，将 0.618 除以 0.382 也可得出另一个黄金数字 1.618 或将 1.618 除以 0.618 得出 2.618。

斐波那奇序列数 1、1、2、3、5、8、13、21、34、55、89、144。数字的排列，以 1 为起点。而这个数列又叫神奇数列，它的神奇之处如下：

（1）每两个相连的数字相加，即等于其后的第一个数字。

1+1 = 2　　1+2 = 3　　2+3 = 5　　3+5 = 8　　5+8 = 13 …

（2）除前面 4 个数字外任何一个数字在比例上相当于后面一个数字的 0.618 倍。

8÷13 = 0.618　　13÷21 = 0.618　　21÷34 = 0.618 …

（3）除前面 4 个数字外任何一个数字约为前一个数字的 1.618 倍。

13 ÷8 = 1.628　　21 ÷13 = 1.615　　34 ÷21 = 1.619

（4）除前面 4 个数字外任何一个数字约为其前第二个数字的 2.618 倍。

21÷8 = 2.625　　34 ÷ 13 = 2.615　　55÷21 = 2.619。

（5）任何一个数字约为其后第二个数字的 0.382 倍。

8÷21 = 0.381　　13 ÷34 = 0.382　　21 ÷55 = 0.382。

另外各个黄金比率中的关系为：

2.618−1.618=1

0.382÷2=0.191

1−0.618=0.382

2.618×0.618=1.618

0.618×0.618=0.382

2.618×0.382=1

1.618×1.618=2.618

斐波那契数列是一种与黄金比例同等理想的数列，具有规则的平稳性，越后面越接近黄金比。而这个比例就是“黄金比例”。换句话说“斐波那契数列”会产生出”黄金比例”。

地球上大部分生命的构造，运行之间轨迹或艺术品的设计都是有一定黄金比率的关系。如向日葵种子的生长螺纹是左旋和右旋的两组交错等角螺线，右 21 道与左旋 34 道，1 比 1.619 趋近黄金比例。也有较大的向日葵，左旋数和右旋数各为 34 和 55，更大的向日葵则有 89 和 144，甚至 144 和 233 的排列数，如图 6-1 所示。

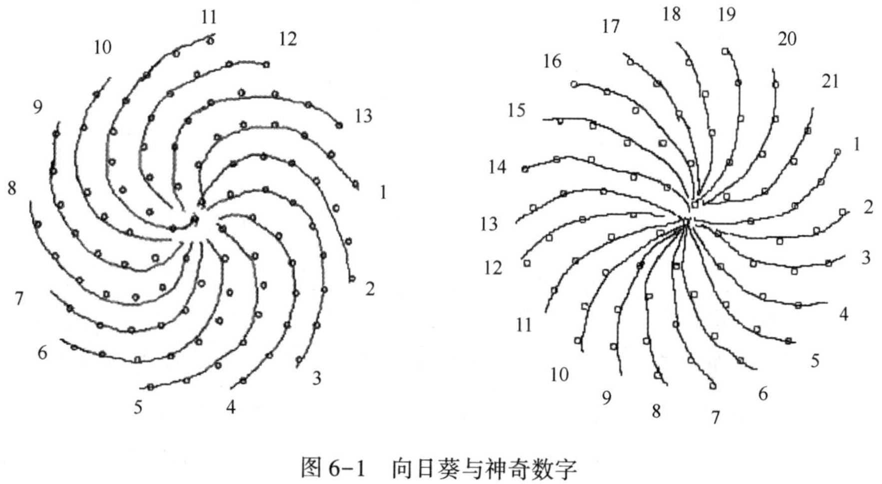

图 6-1　向日葵与神奇数字

古埃及的金字塔大小虽有不同，但是金字塔底面的边长与高的比率都接近于 0.618。而近代著名的法国巴黎埃菲尔铁塔，其第二层以下和第二层以上的高度比率是 0.618。帕特农神庙(图 6-2)，也是建筑中运用黄金分割的典例。

图 6-2　帕特农神庙运用黄金分割

股市中，指数及商品升跌及支撑位、阻力位很多时候都是由黄金比率支配。而艾略特波浪理论更广泛地以黄金比率作为量度的指标，使得黄金比率发挥得淋漓尽致。日常当中，我们经常以黄金比率作为支撑位及阻力位计算的工具。黄金比率在反弹浪中预测阻力位，或在下跌浪中预测支撑位更是一绝。

在反弹浪中预测阻力位，大市通常会第一站到达 0.382 的位置，其后回调整固后再向上试 0.618 的位置再次回调整固。其后最终会试 0.786 或升穿前顶的 1 黄金比率。

延伸的黄金比率，如 1.618 倍，2.618 倍，是量度上升或下跌水平的重要工具。这些比率可以预测指数、商品将会向上或向下突破后的上升或下跌目标，上升阻力及下跌支撑等。当市场状况向上或向下突破 1 的黄金比例后，市场状况将会朝着第一个上升或下跌的目标 1.382 倍水平推进，若能进一步突破该水平，市场状况将再试 1.618 倍第二个目标，依此类推。

二、黄金比率的价格应用

我们画黄金比率或江恩百分比，步骤如下：我们可以在 Gannalyst Professional 5. 0 上点击【价格扩展尺%】，如图 6-3 所示。

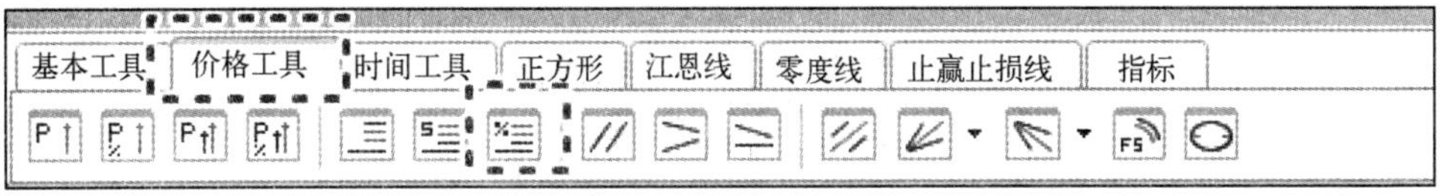

图 6-3　价格扩展尺%

遇反弹浪时，我们应该由底部向顶部画一组黄金比率或江恩百分比线。反之在下跌浪时，我们应该由顶部向底部画一组黄金比率或江恩百分比线，如图 6-4 所示。

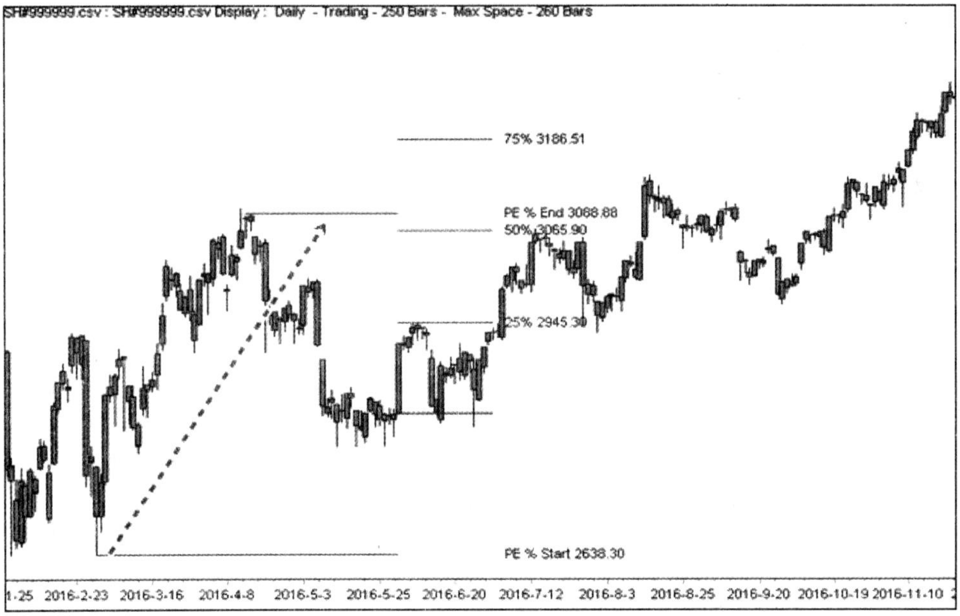

图 6-4　由底部向顶部画一组黄金比率

如图 6-6 所示，其后于比率线中双击鼠标右键，于 Extensions 中按 Add Item，再输入黄金比率或江恩百分比。如 0.618，即输入 61.8；如 0.66，则输入 66.6(图 6-5)。

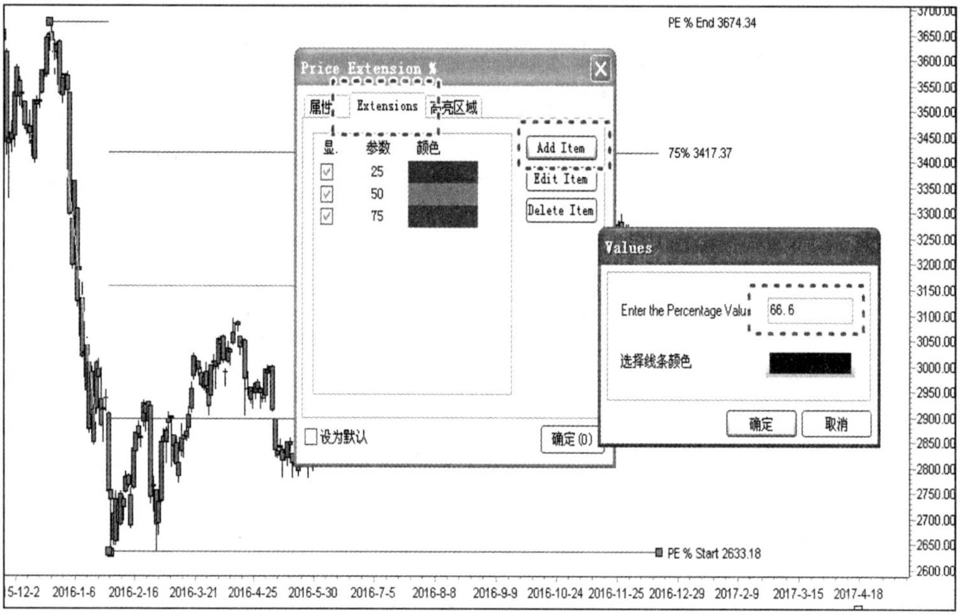

图 6-5　输入黄金比率或江恩百分比

1. 反弹浪中黄金比率

如图 6-6 所示，为九洲电气的日线图，九洲电气在 2015 年 6 月 12 日从高位 19.81 元开始下跌至 2015 年 8 月 26 日的 7.2 元。我们在此画一组黄金比率，你会发现九洲电气多次反复挑战 13.57 元(0.5)及 15.07(0.618)的黄金比率。

图 6-7 为白银价格的日线图。白银于 2008 年 3 月 6 日在高位 21.2 元开始下跌至 2008 年 10 月 29 日的 8.7 元。我们在此拉开一组黄金比率，你会发现白银多次反弹至 14.91 元及 16.44 元，即 0.5 及 0.618 的位置，如果一旦突破 0.782 (18.62 元)之后，确定此次是另一个新升浪，而不是反弹浪。

图 6-6 九洲电气黄金比率阻力及支撑

图 6-7 白银黄金比率阻力及支撑

图 6-8 为恒生指数日线图。恒生指数于 2014 年 9 月 5 日在 25356 点见顶后开始回调，至 2014 年 10 月 3 日 22565 点到底，其后恒生指数反弹至 0. 382 再次回调，其后回调整后再次反弹直至到 0. 618 或 24280 见顶回调至 0. 236 或 23212 见支持。其后 0. 382 及 0. 618 于其后几个月仍然发挥影响。直至 2015 年 4 月 2 日突破前顶 1 的黄金比率 25356 后开始大升。

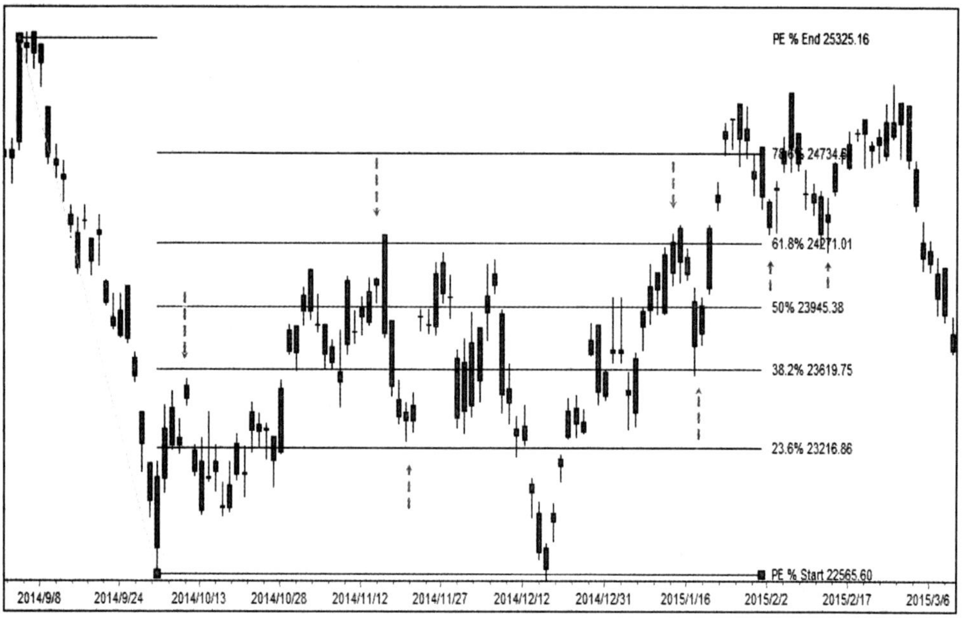

图 6-8　恒生指数黄金比率阻力及支撑

图 6-9 为中国创业版指数的周线图。图中利用黄金比率由 28588 点的高位及 18278 点的低点拉出一组反弹浪的黄金比率，你会发现其后创业版指数会反弹至约 24650 点(0. 618）之后再回调。

2. 下跌浪中的黄金比率

同样的，在下跌浪时我们经常利用黄金比率去预测下跌的目标，期望作出”捞底”行动。我们应该由顶部伸延一组黄金比率线向前一个底部。

图 6-9　中国创业版指数黄金比率阻力及支撑

图 6-10 为上证指数日线图，恒生指数由 2014 年 3 月 14 日的底点 1985 点回升至 2015 年 6 月 12 日 5178 点之后回调。我们可以画出黄金比率，去预测支持及可能的"低点"。上证指数第一波回调到 0.5 或 3577 点左右反弹至 3957 或 0.382 的比率下跌，反弹后再次回调后再次反弹至 0.5 或 3577 点作双顶后再次回调至 0.786 或 2657 点才见底。

如图 6-11 所示，格力电器由 12 年 12 月 6 日的 23.59 元上升至 2013 年 10 月 16 日的 34.28 元。我们可以画出黄金比率，去预测支持及可能的"低点"。其后格力电器三次回调至 26.49 元或 0.618 的黄金比率，三底不破是买入机会，其后格力电器破顶。

图 6-10　上证指数指数黄金比率阻力及支撑

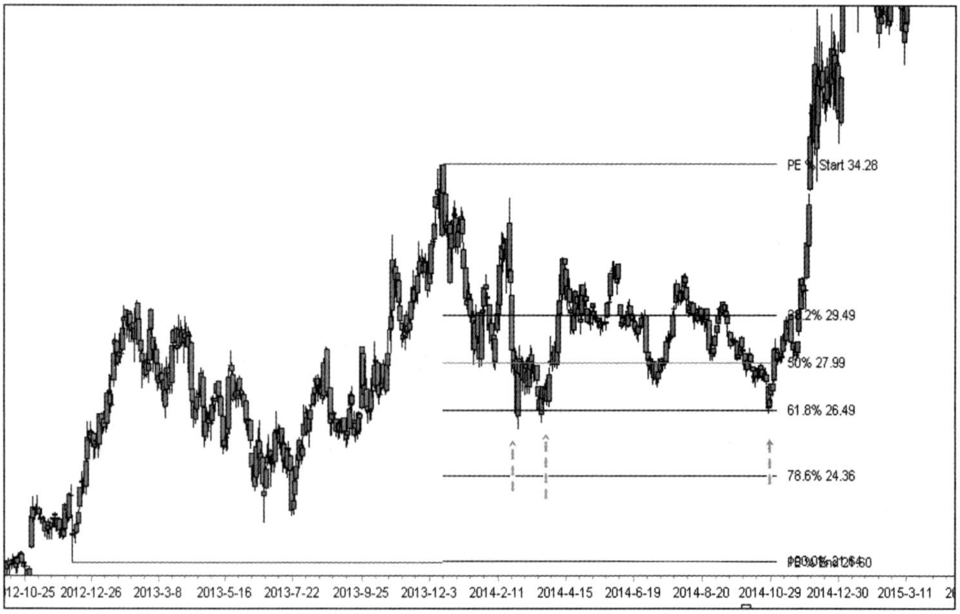

图 6-11　格力电器黄金比率阻力及支撑

3. 延伸的黄金比率

很多时候商品及指数会展开大升浪及大跌浪，往往是突破区间而大升及大跌。在这时候我们必须用上延伸的黄金比率。而延伸的黄金比率主要包括 1.236、1.382、1.5、1.618、1.786、2、2.618、3、4、4.618 等等。

如图 6-12 所示，格力电器在 2011 年 12 月 13 日的 16.28 元见底后，一直反弹至 2012 年 5 月 30 日的 22.42 元，略微回调后突破了前顶 22.42 元，其后发生大升浪，我们在 16.28 元及 22.42 元之后拉一组黄金比率，并输入不同延伸的黄金比率，包括 1.236、1.382、1.5、1.618、1.786、2、2.382、2.618、3、4、4.618 等等。结果此一升浪于 2.618 倍或 33.91 元完结。

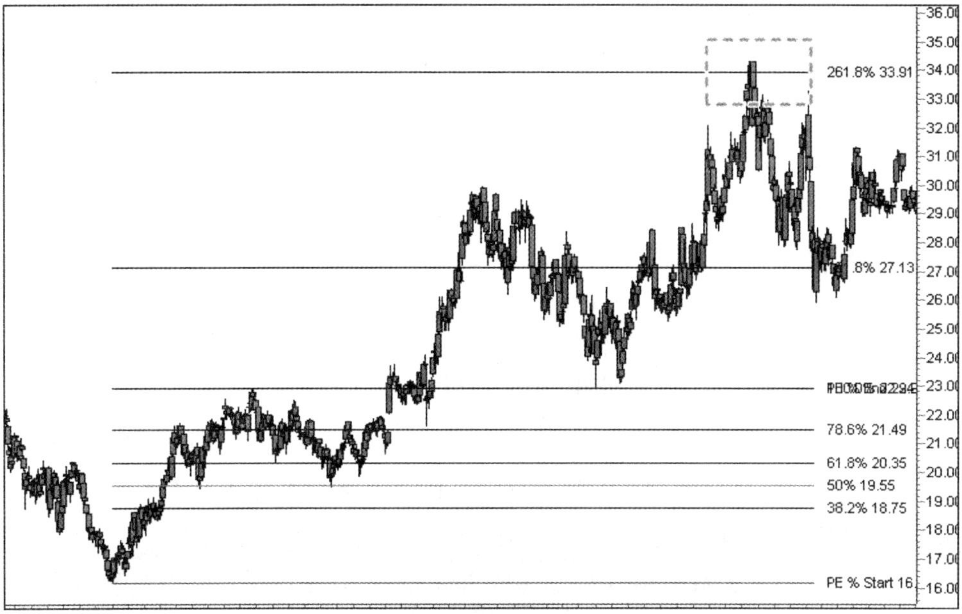

图 6-12　格力电器延伸的黄金比率

上证指数 2015 年的回调大家还历历在目，那我们可以一早利用黄金比率提前预测上证指数回调的目标吗？答案是可以的。如图 6-13所示，我们利用延伸的黄金比率，在 2015 年 5 月 7 日的 4108

点及2015年的6月15日5176点拉出一组延申黄金比率，包括1.236、1.382、1.5、1.618、1.786、2、2.382、2.618、3、4、4.618等等。你会发现1.618(3445点)或2(3037点)都有支撑，但最后当上证指数回调至2628点或2.382延申的黄金比率上证指数就见底了。

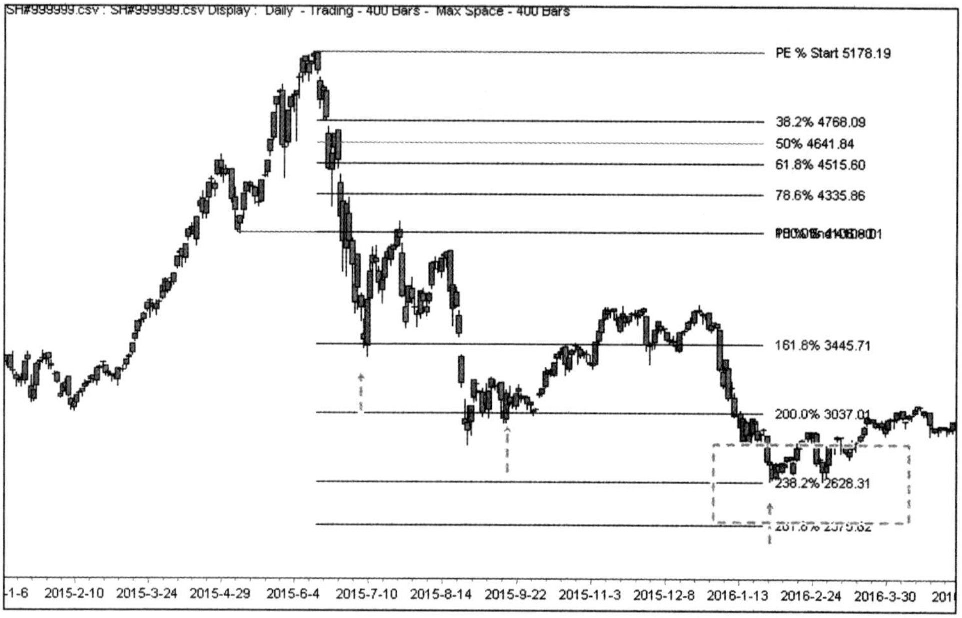

图6-13　上证指数延伸的黄金比率

4. 黄金比率与上证指数的前世今生

黄金比率也跟上证指数有着不解之缘。以下是笔者曾在香港经济日报集团的《智富》杂志中的关于黄金比率与上证指数关系的文章，以下为部分节录：

上期文章中我们提及2017年不论以10年周期，太阳黑子周期，江恩周期，及丁的日干等有力证据支持2017年是牛市的论据。而笔者分析了过去恒生指数高低点的数学关系，即与开方根有关。笔者上一期提出两个可能发生牛市的原因，其中一个中国股市被低估或MSCI加入中国股市引发资金追逐。那上证指数走势2017年又会如何？

在笔者中的著作中曾提出股市是一个生命体。受不同的基因及特性的影响。如恒生指数及国企指数是两个独立的生命体。虽然恒生指数受开方根影响，但上证指数的密码则是 0.618 的倍数及开方根。我们利用上证指数不同的高低点作为起点，发现各高低点都存在不同的比率关系，如表 6-2 所示。

表 6-2　上证指数历史高低点存在 0.618 比率关系

起点	终点	数学关系
982.45(2005 年 6 月)	6124.04(2007 年 10 月)	6.23(约 6.18，即 0.618 的 10 倍)
6124.04 点(2007 年 10 月)	1664.92(2007 年 10 月)	3.678(约 0.618 的 6 倍)
1664.92(2007 年 10 月)	3478.01(2009 年 8 月)	2.09(约开方 4)
1849.65(2013 年 6 月)	5178.19(2015 年 6 月)	2.79(开方 2.79 即 1.67，约 1.618)

那么 2017 年如果上证指数发生之后阻力或高点将在哪？我们假设上证指数在 2638.30 点是底部之后乘上 0.618 的倍数或特定比率，如表 6-2 所示，所列得出 4268.76(1.618)，4880.85(1.85)，5276.6(2)，9544.284(3.618)。

表 6-2　上证指数由 2638.3 的底部 0.618 乘上 0.618 的倍数或特定比率

起点	数学关系
2638.3(2016 年 1 月低点)	4268.76(1.618)
2638.3(2016 年 1 月低点)	4880.85(1.85=0.618 的 3 倍)
2638.3(2016 年 1 月低点)	5276.6(开方 4)
2638.3(2016 年 1 月低点)	9544.284(3.618)

在 5178.19 点至 2638 点中间拉开一个江恩百分比即见 62.5%是在 4227 点。暂时 38.2%比率于 3600 点左右，而 50%在 3909.95 点。同时周线图的江恩角度线量度出强大阻力于 4200 点。所以笔者暂时认为明年上证指数目标在 3900 点至 4200 点。如破位则以 5276.6(开方 4)作目标。

节录及整理笔者文章发表于香港经济日报集团的《智富》杂志(2017 年 1 月 7 日)

三、黄金比率与时间理论

黄金比率除了价格上的推算，其实也可以在时间上的理论及运用。黄金比率大部分生命的构造，运行之间轨迹或艺术品的设计都是有一定黄金比率的关系。

时间及时空在此也以螺旋的轨迹向前扩张，时间与生命都以螺旋前进的冲动与自我的回归中作螺旋式的摆荡。而历史事件发生的排列，很多时间也同样会有规律地以螺旋的轨迹向前扩张，以美国独立战争为例：

（1）1776 年发表“独立宣言”，正式宣布独立。

（2）5 年之后，1781 年北美英军投降。

（3）7 年后，1783 年英国承认美国独立。

（4）13 年，1789 年华盛顿成为美国第一任总统。

（5）34 年后，1810 年南美殖民地开始独立战争。

（6）55 年后，1831 年美国发生黑人起义。

（7）89 年后，1865 年南北战争结束。

时间的排列，正好与斐波那契所提出的神奇数字 0、1、1、2、3、5、8、13、21、34、55、89、144、233、377、610 等的排列相同。

以香港 1997 年回归作开始，也和斐波那契所提出的神奇数字或斐波那契数列：

（1）1997 年香港回归中国。

（2）1 年后，1998 年亚洲金融风暴。

（3）3 年后，科技网络股崩盘。

（4）6 年后(数列 5)，2003 年 SARS 爆发。

（5）13 年后，2009 年金融海啸及美国量宽。

至于 21 年，即 2017 年发生的事件，在此不再预测。重点是时间及时空在此也以螺旋的轨迹向前扩张。同样的，指数及商品的也一样会有规律地以螺旋的轨迹向前扩张及运行，不论向外及向内，其中一组螺旋的轨迹即是 0.618 及 1.618 比率。

1. 斐波那契数列的时间预测

股市是一个生命体，所以指数及商品也一样会有规律地以螺旋的轨迹向前扩张及运行。股市周期依照螺旋前进的冲动与自我回归，每一只指数或商品都有自己特定的周期。所以，我们只需要找出正确的起点，再配合斐波那契数列 0、1、1、2、3、5、8、13、21、34、55、89、144、233、377、610 等，就能找出股市的转折位或转势日。

一般来说，我们会在指数或商品的高位及低位作为起点。注意一点，斐波那契数列我们会以前后两日为准。

在 Gann Professional 5.0 中，可在【时间工具】中选斐波那契周期，之后在指数或商品的高位及低位作为起点拉出数列，如图 6-14 所示。

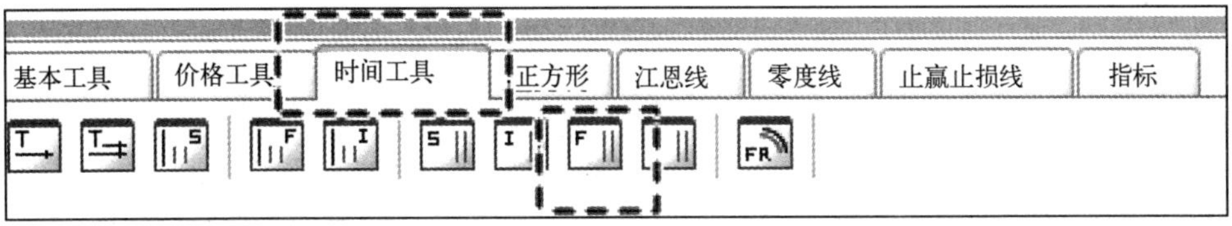

图 6-14　时间工具中选斐波那契周期

以上证指数日线图为例，如图 6-15 所示，于 2015 年 6 月 9 日见顶后开始下跌，我们在顶部开始数斐波那契数列会发现第 21、34、55 及 89 的交易日皆发生转势，而在 55 的交易日或 2015 年 8 月 26 日更成功预测 2015 年大牛后回调的低点。

图 6-16 为现货白银日线图。我们依 2014 年 7 月 10 日的高点开始画出斐波那契数列，你会发现第 89、144、233 及 377 日都发生不同程度的转势。

如图 6-17 所示，山东钢铁于 2015 年 2 月 9 日利用斐波那契计算转势日，你会发现周期开始数 55 日山东钢铁开始回调，到第 89 日或 2015 年 6 月 21 日到大顶 7.38 元开始回调，而到 144 日的周期再次见到一个顶部回调。

以恒生指数日线图为例，如图 6-19 所示，在 2014 年 9 月 4 日见顶后开始下跌，我们于顶部开始数斐波那契数列会发现第 34、89 及 144 的交易日皆发生转势。如果以前后两日为准的话，下面 21 日及 55 日都会有产生转势。以下是详细描写的走势：

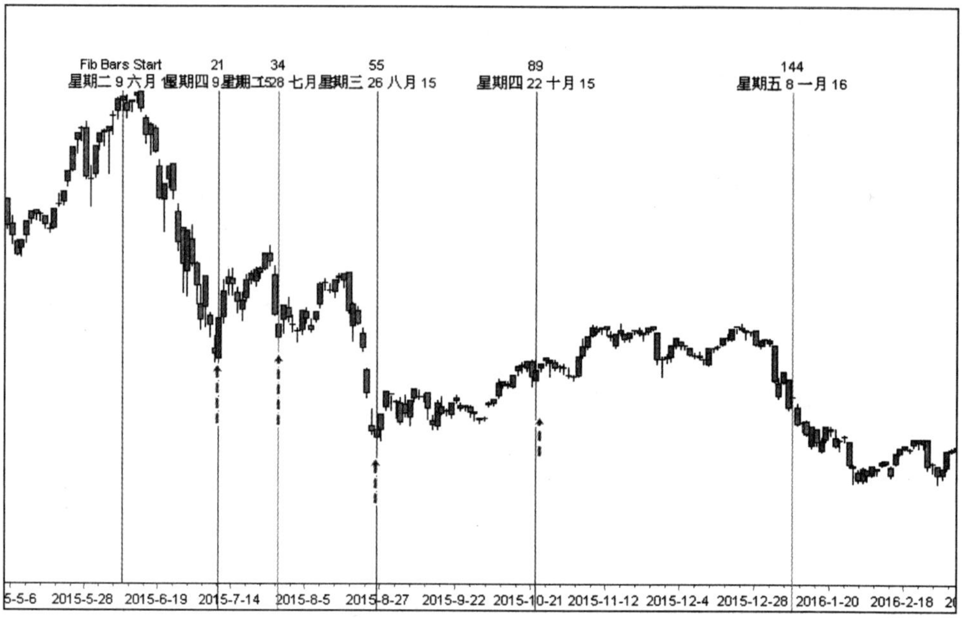

图 6-15　上证指数每遇斐波那契数列转势

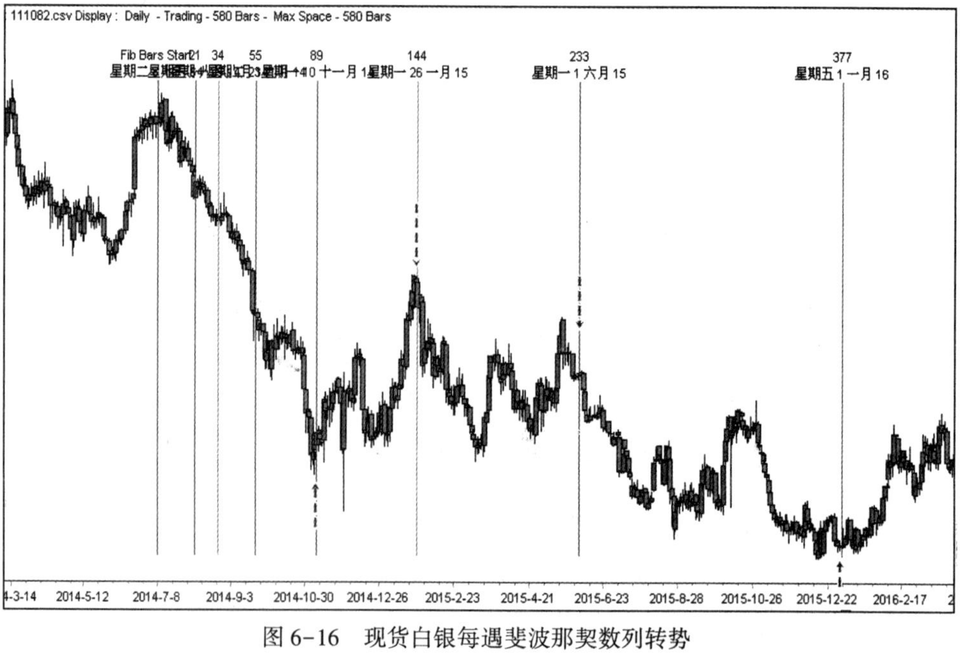

图 6-16　现货白银每遇斐波那契数列转势

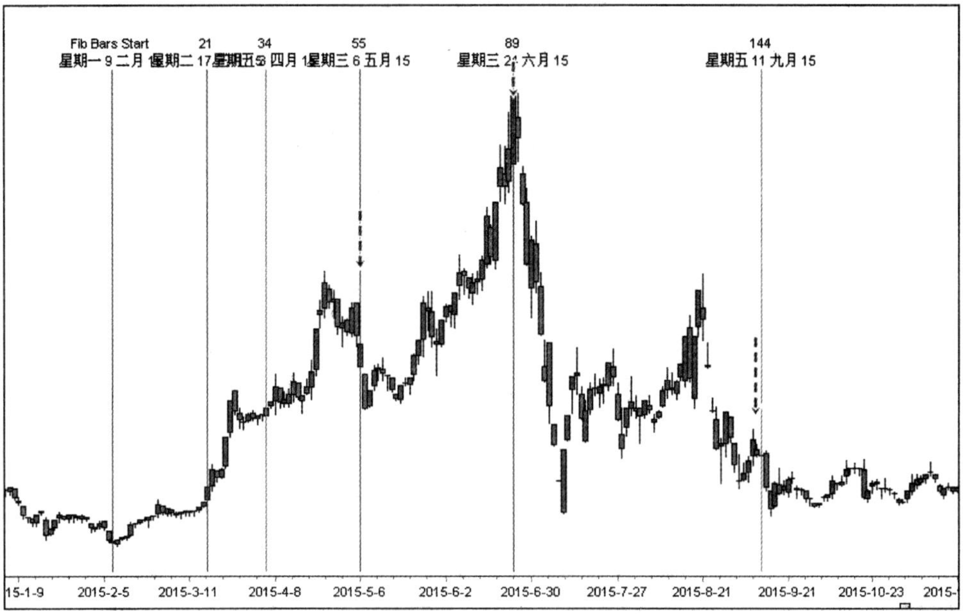

图 6-17　山东钢铁每遇斐波那契数列转势

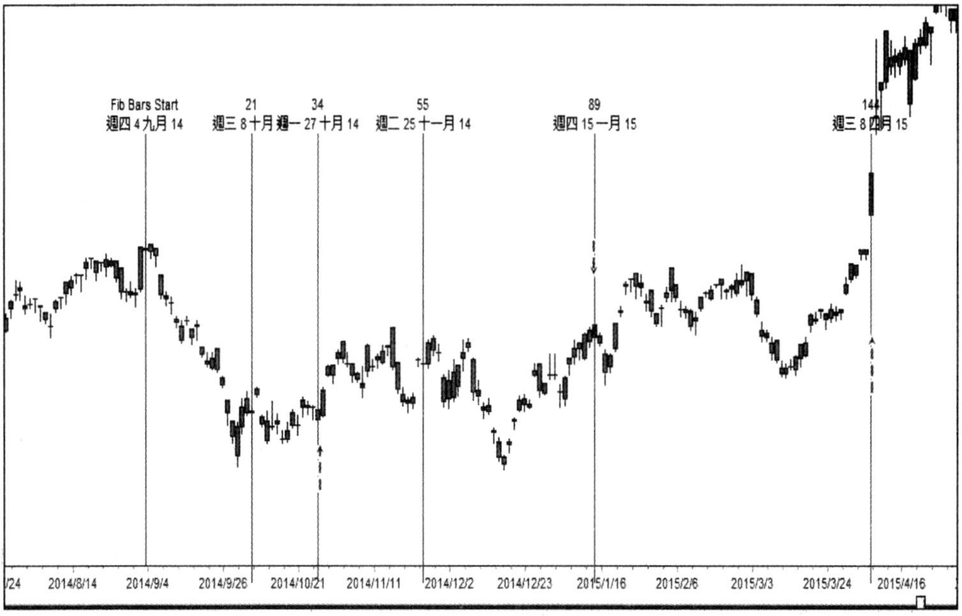

图 6-18　恒生指数每遇斐波那契数列转势

(1)恒生指数在斐波那契数列 34 日，即 2014 年 10 月 27 日见底回升，由最低的 23012 点升至 2014 年 11 月 3 日的 24113 点。

(2)恒生指数在斐波那契数列 89 日，即 2015 年 1 月 15 日见顶回调，由最高的 24369 点跌至 2015 年 1 月 19 日的 23590 点。

(3)恒生指数在斐波那契数列 144 日，即 2015 年 4 月 8 日开始缺口上升，由当日 26236 点升至其后的 28588 点。

2. 黄金比率时间预测

当一个频率走到某一个点，或跟另一个频率走到倍数关系，就会产生共振，从而指数及商品会转势。黄金比率是其中一个支配生命比率，所以股市上我们也可以用黄金比率去作出时间预测，从而知道转势日的时间。

常见的黄金比率为：0、0.236、0.382、0.618、0.786、1 及延伸的 1.382、1.618、2.618、3、4、4.618 等等。用黄金比率预测时间方法很简单，只要将波段中的高位与低位相连，其后同等空间距离的时间，当遇上黄金比率，即为转势日。

在 Gann Professional 5.0 中，在【时间工具】中选浮动时间扩展，如图 6-19 所示。

其后将波段中的高位与低位相连，如图 6-20 所示，将波段中的低位与高位相连。

如图 6-21 所示，用鼠标双击，之后在扩展中按 Add Item，输入你需要的比率，如 61.8、161.8 或 261.8 等。

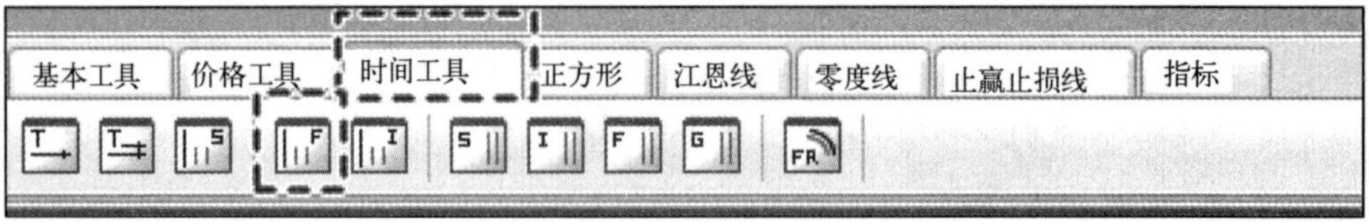

图 6-19　浮动时间扩展

如图 6-22 所示，深圳成指于 2016 年 6 月 12 日见顶，我们将之前 2015 年 5 月 7 日的底部跟顶部相连，后再伸延出黄金比率，可以发现深圳成指于 2015 年 7 月 8 日或 61.8%见一个底部。其后反弹至

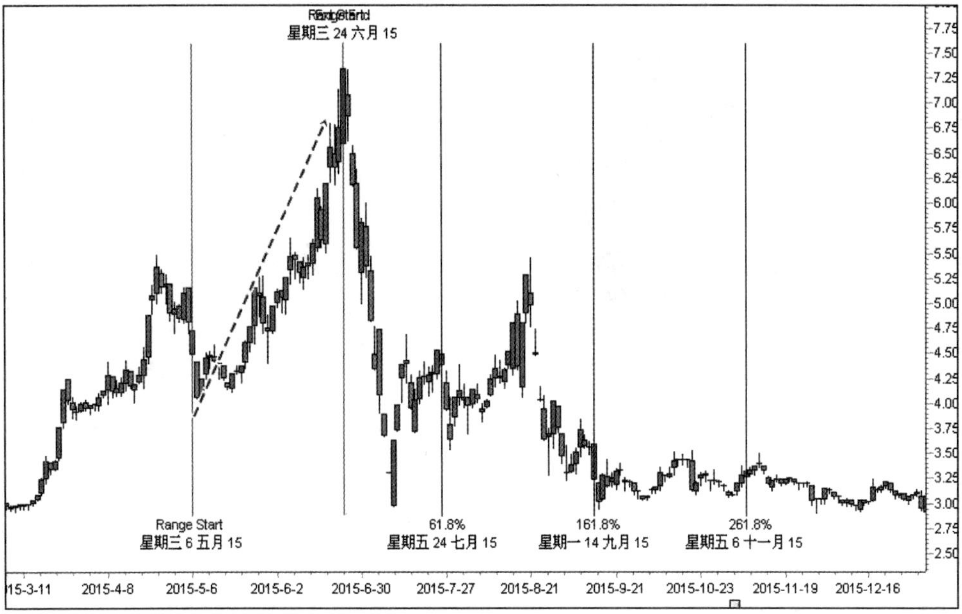

图 6-20 波段中的低位及高位相连

1.618 或 8 月 13 日见顶后回调。再其后约在 2.618 的黄金比率附近的时间周期中见底。

图 6-23 为在香港上市的建设银行的日线图，建设银行于 2015 年 5 月 28 日见顶，我们将 2015 年 3 月 9 日的底部与顶部相连，其后再伸延出一组黄金比率，其中 1.618 或 2015 年 9 月 30 日，及 2.618 倍或 2015 年 12 月 16 日的时间中皆发生转势，两个比率之后都有急速的反弹走势。

以在香港上市的中国建材日线图为例，如图 6-24 所示，中国建材于 2013 年 12 月 9 日见顶，我们以 2013 年 11 月 13 日的底部拉出一组黄金比率，会发现中国建材于 1.618 倍，2.382 倍及 2.618 倍的转势日皆发生转势。而到了 4.618 倍也见顶，其后再一次开始回调。

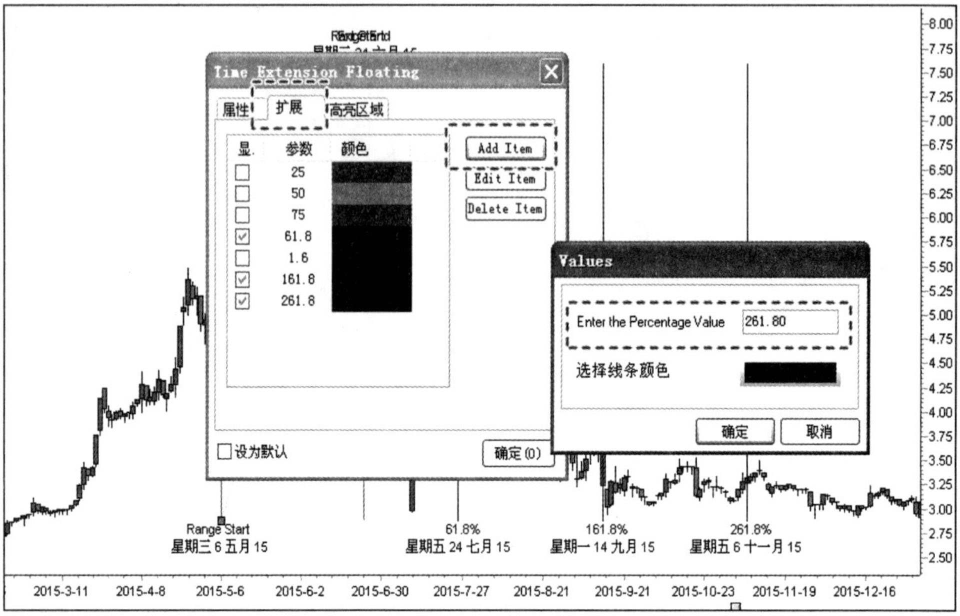

图 6-21　输入时间黄金比率

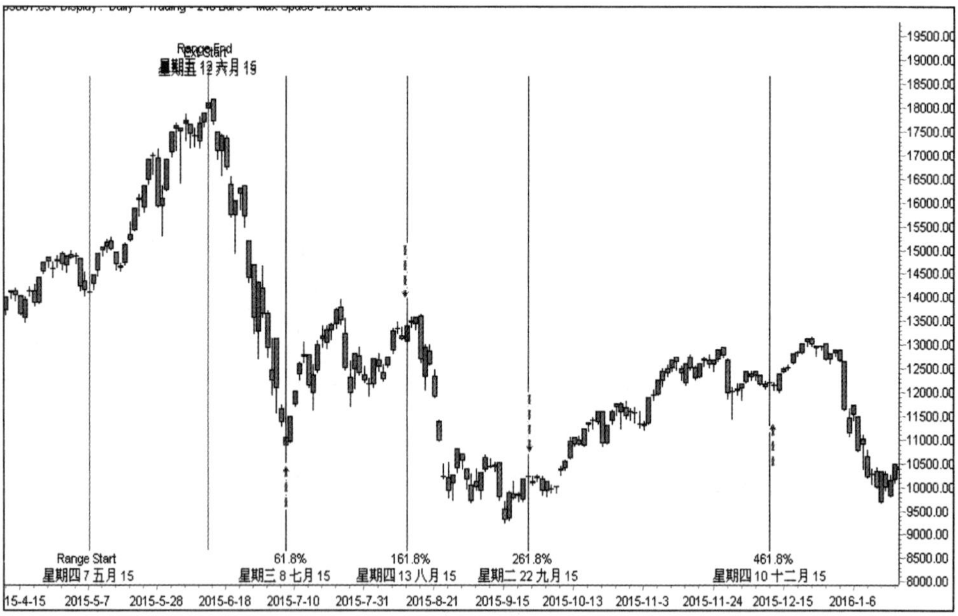

图 6-22　深圳成指时间黄金比率

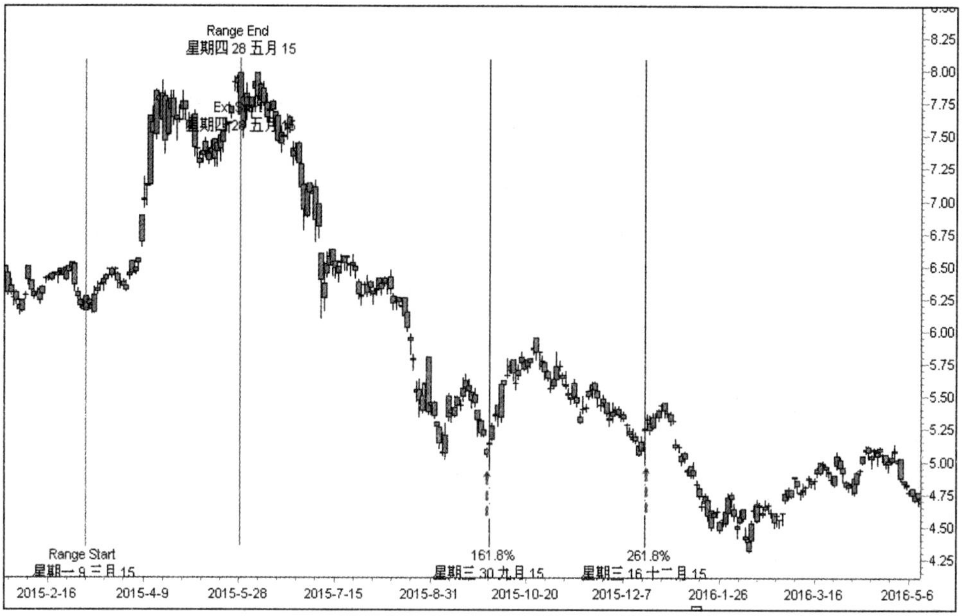

图 6-23　建设银行时间黄金比率

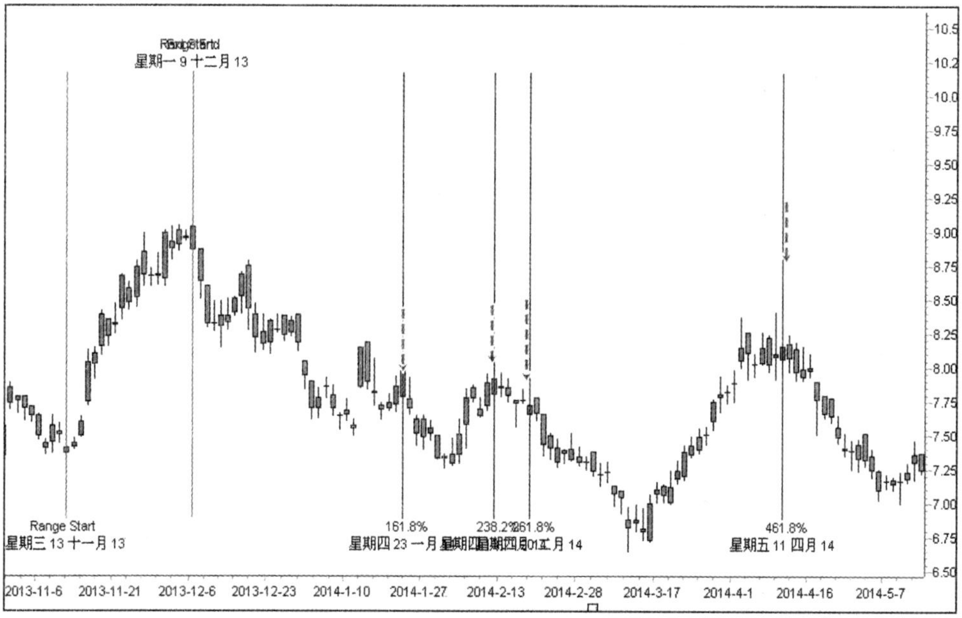

图 6-24　中国建材时间黄金比率

3. 黄金比率再分割

黄金比率间也可以以斐波那契数列或黄金比率再次分割而产生新的转势日。方法是在两个比率中间，如 1.618 及 1.782 间，再画一组黄金比率或斐波那契数列，那就会产生一个新的转势日。套用江恩的理论即“轮中有轮”，一个波段间仍有小波段，大浪中有小浪。

仍以中国建材例子为例，在图 6-25 中，2.618 倍及 4.618 倍的中间，仍然有一个低位，如果由 2.618 倍的时间开始数 21 个交易日，即斐波那契数，那你会发现斐波那契数 21 交易日，而底部正发生在此。

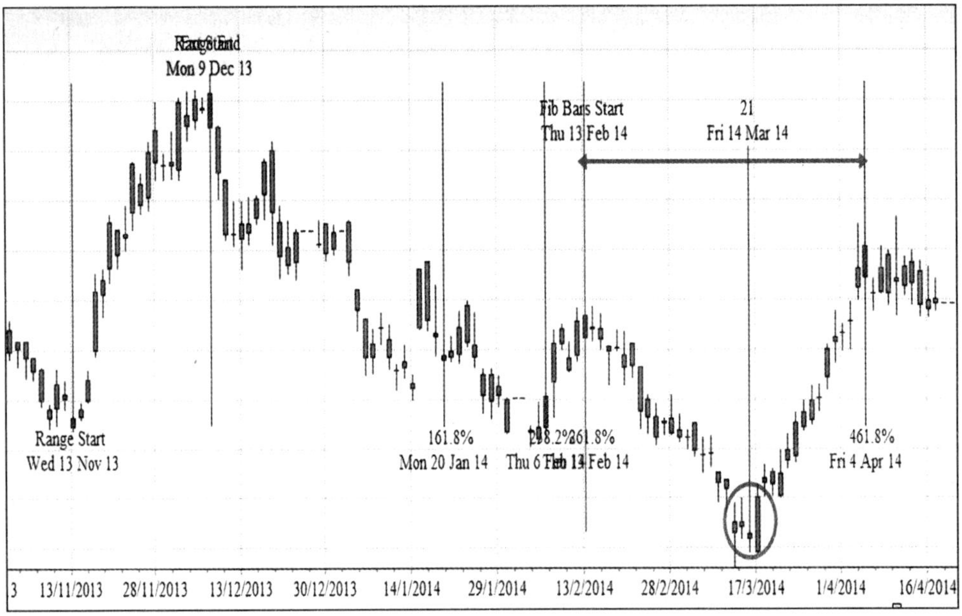

图 6-25　中国建材黄金比率再分割

四、黄金比率的和谐交易

Gartley222（伽利 222 图形）或蝴蝶形态是于 1935 年由 H. M. Gartley 出版的一本关于形态技术分析的书——《股市致胜之

道》（“Profits in the stock market”），其最为精华的部分在第 222 页，讨论了一个最佳时间与价格的形态，这个形态是非常强大和有效的，后来这个形态被命名为 Gartley222。H. M. Gartley 的经典价格形态自 1935 年面世至今逾 60 载仍历久常新，他提出的价格与时间同时呈现和谐比例的价格形态内涵每时每刻都在投资市场上重复演绎着，并且不断被后继者发展创新，但基本结构一直未变。著名的“蝴蝶转向”形态就是由知名的技术分析专家 Larry Pesavento 在数十年投资生涯中将 Gartley“222”形态发挥得淋漓尽致的硕果，蝴蝶理论的基础与大众所知的波浪理论有着同样的理论基础：黄金分割率，也就是斐波纳奇数列。

蝴蝶形态基于几何和分形，而理论主要构建于黄金百分比（1.618，0.618 等）。蝴蝶形态可以用于外汇、股票、指数等，通过形态的判断而预测回调或反弹的走势。在本书只会略微讲解几个常见及实用的交易形态，包括 AB=CD 形态及 Gartley 看涨与看跌形态。

H. M. Gartley 在他的《股市致胜之道》一书中用了几页来描述 AB=CD 图形。在价格不断重复上升、回调这个过程中，邻近的二次上升距离有时会非常接近，甚至完全一样。图 6-26 为标准的 AB=CD 看涨与看跌形态。

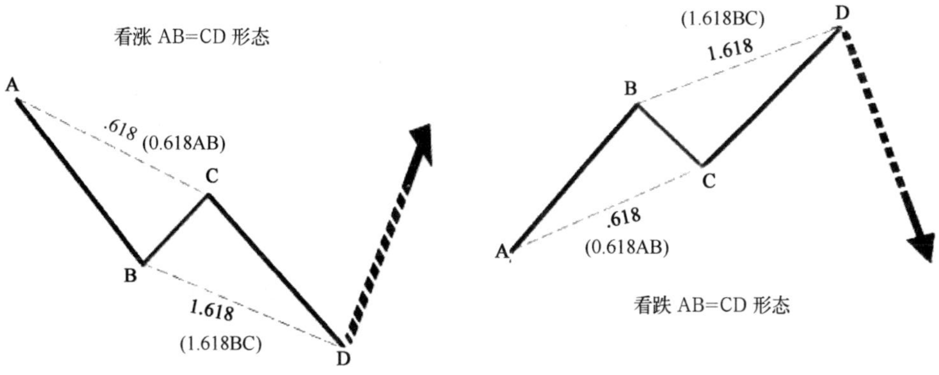

图 6-26　AB=CD 看涨与看跌形态

1. 看涨的标准 AB=CD 形态

（1）价格从 A 到 B 的波动将等于 CD 两点之间 60%的时间。其他 40%的时间 CD 将为 AB 的 1.27 或 1.618 倍。

（2）当行完 AB 的上升之后，将会经历 BC 的回调。回调幅度约是 0.618 或 0.786，但走势强劲的时间只会回调约 0.382 倍。

（3）如果 AB 发生的走势非常之牛，那将是一个很好的线索，告诉你将会出现 BC 的走势。

（4）一般来说，AB 的波段将会等于 CD 的波段，即 AB 上升了 5 元，那 CD 价格波动也可能是 5 元，但在大牛的市场状况有机会上升至 AB 的 1.27/1.618 倍。

以上是标准 AB=CD 形态，但一般来说因市场的多变性及愈来愈复杂，所以比率上各有不同，如图 6-27 至图 6-29 所示。

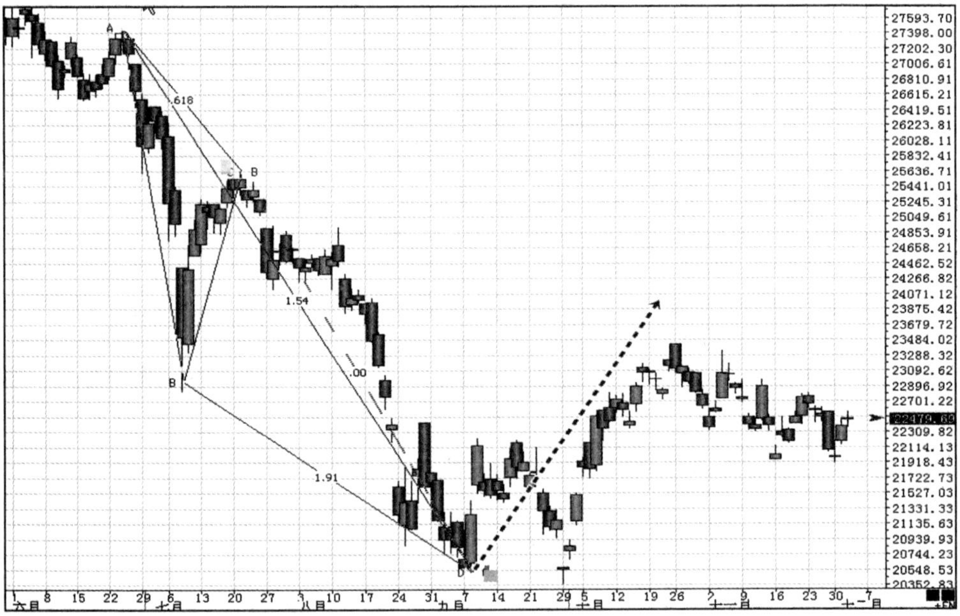

图 6-27　恒生指数日线图看涨 AB=CD 形态

图 6-28 中兴通讯（000063. SZ) 日线图看涨 AB=CD 形态

图 6-29 中集集团（000039. SZ）日线图看涨 AB=CD 形态

2. 看跌的标准 AB=CD 形态

(1)价格从 A 到 B 的波动将等于 CD 两点之间 60%的时间。其他 40%的时间 CD 将为 AB 的 1.27 或 1.618 倍。

(2)当行完 AB 的上升之后，将会经历 BC 的回调。回调幅度约是 0.618 或 0.786，但走势强劲的时间只会回调约 0.382 倍。

(3)如果 AB 发生的走势非常之牛，那将是一个很好的线索，告诉你将会出现 BC 的走势。

(4)一般来说，AB 的波段将会等于 CD 的波段，即 AB 上升了 5 元，那 CD 价格波动也可能是 5 元，但在大牛的市场状况有机会上升至 AB 的 1.27/1.618 倍。

以上是标准 AB=CD 形态，但一般来说因市场的多变性及愈来愈复杂，所以比率上各有不同，如图 6-30、图 6-31 所示。

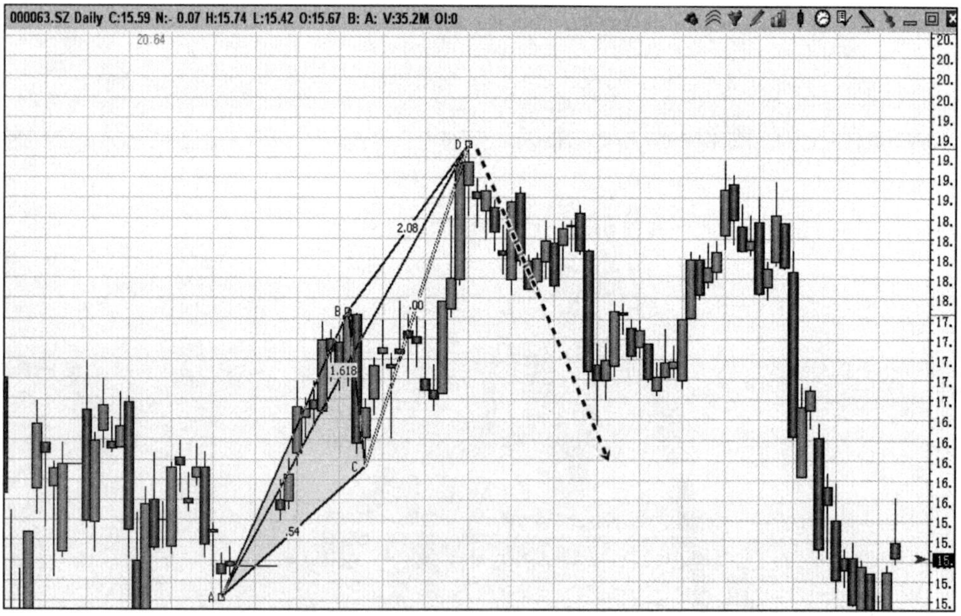

图 6-30　中兴通讯（000063. SZ）日线图看跌 AB=CD 形态

图 6-31　中联重科（000157. SZ）日线图看跌 AB=CD 形态

如图 6-32 所示，所谓另一常见的 Gartley 形态又称为“蝙蝠形态”，是股票、外汇等经常出现的形态之一。

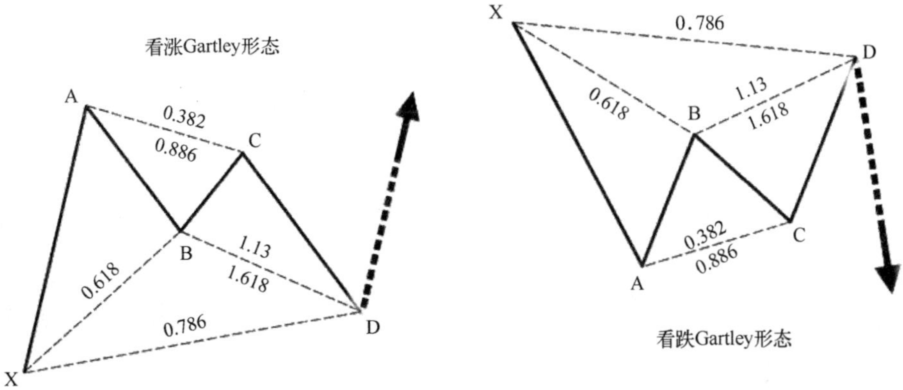

图 6-32　Gartley 222 标准的看涨及看跌形态

3. 看涨的 Gartley 形态

(1)从 A 点开始会一直下跌到 D 点才完结，大部分情况下都会依据 0.618 及 0.786 倍回调，在很少情况会是 0.382、0.5 或 0.707 倍。

(2)看涨的 Gartley 形态必须是在 AB=CD 的形态当中。

(3)当行完 AB 的上升之后，将会经历 BC 的回调，回调幅度约是 0.618 或 0.786 倍，但走势强劲时只会回调约 0.382 倍。

(4)由 X 至 A 点的时间和 A 到 D 点的时间通常会存在一定比率上的关系，例如由 X 点至 A 点走了 11 天的时间，那么 A 到 D 点可能是 0.618 或 1.618 倍的黄金比率。

(5)很少情况 AB=CD 的低点会发生在 X 点之下，因为通常会以双底的形态见底。但如果跌穿，目标将会以 A 点至 X 点中间的价格差的 1.27 或 1.618 倍。

以上是标准看涨的 Gartley 形态，但一般来说因市场的多变性及愈来愈复杂，所以比率上各有不同。如图 6-33 和图 6-34 所示。

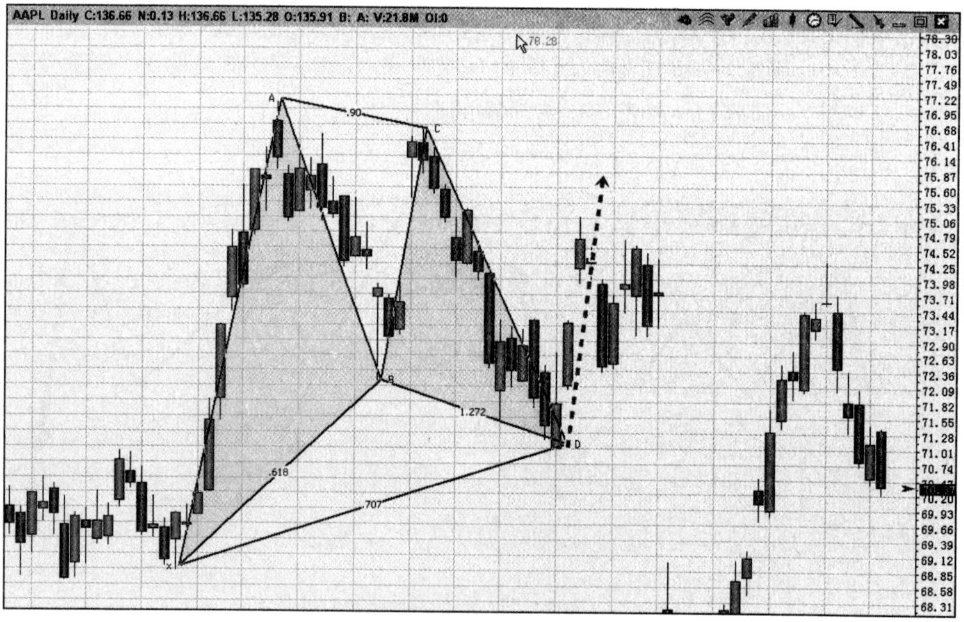

图 6-33 苹果计算机日线图看涨的 Gartley 形态

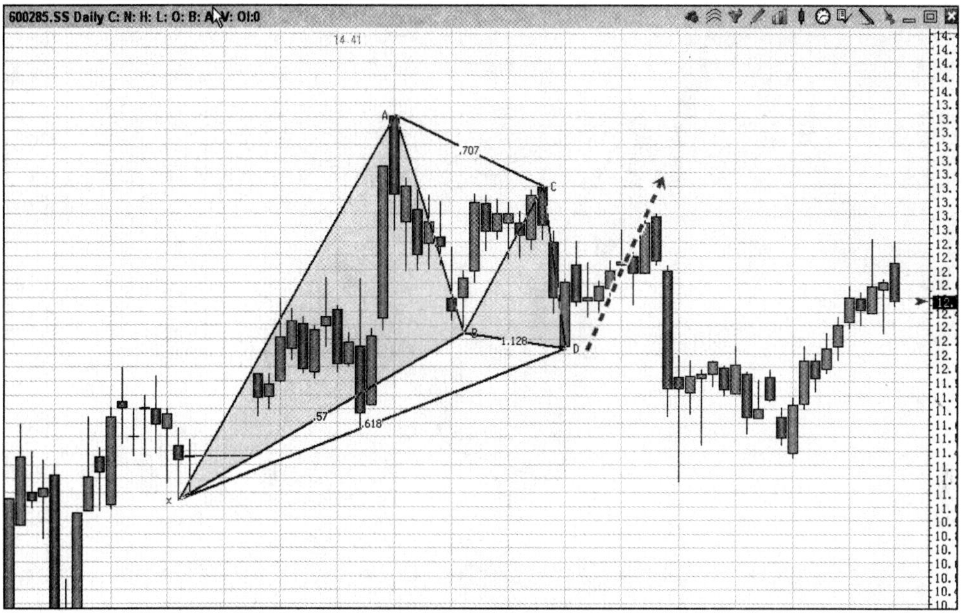

图 6-34　羚锐制药日线图看涨的 Gartley 形态

4. 看跌的 Gartley 形态

(1)从 A 点开始会一直下跌到 D 点才完结，大部分情况下都会依据 0.618 及 0.786 倍回调。在很少情况会是 0.382、0.5 或 0.707 倍。

(2)看涨的 Gartley 形态必须是在 AB=CD 的形态当中。

(3)当行完 AB 的上升之后，将会经历 BC 的回调，回调幅度约是 0.618 或 0.786 倍，但走势强劲时只会回调约 0.382 倍。

(4)由 X 至 A 的时间和 A 到 D 点的时间通常会存在一定比率上的关系，例如由 X 点至 A 点走了 11 天的时间，那么 A 点到 D 点可能是 0.618 或 1.618 倍的黄金比率。

(5)很少情况 AB=CD 的高点高于 X 点，因为通常会以双顶的形态见顶回调。但如果跌穿，目标将会以 A 点至 X 点中间的价格差的 1.27 或 1.618 倍。

以上是标准看跌的 Gartley 形态，但一般来说因市场的多变性及愈来愈复杂，所以比率上各有不同。如图 6-35 至图 6-37 所示。

图 6-35　中联重科日线图看跌的 Gartley 形态

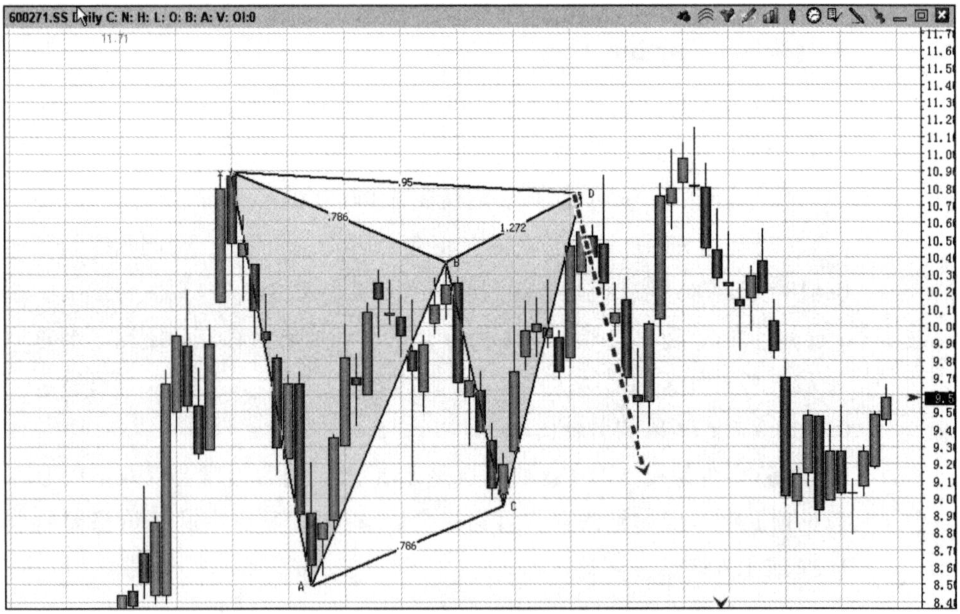

图 6-36　航日信息日线图看跌的 Gartley 形态

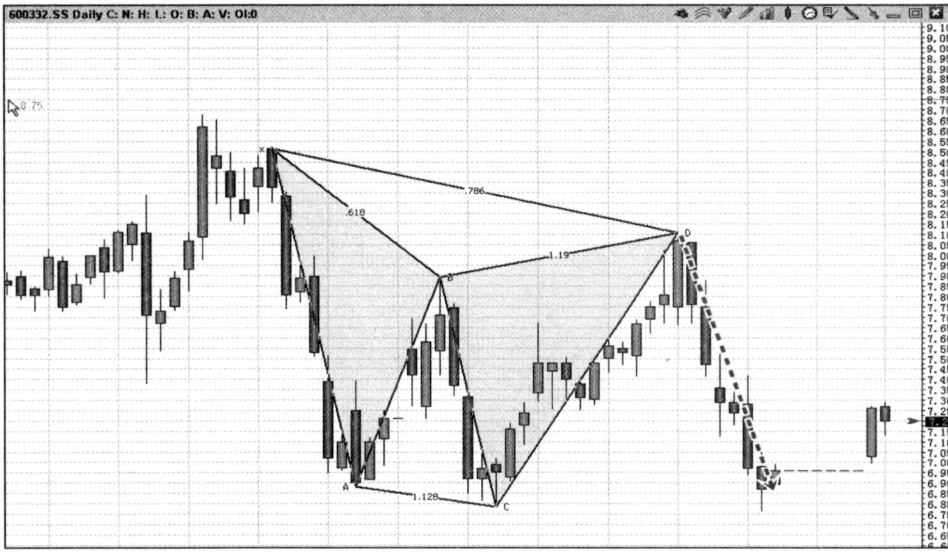

图 6-37 白云山日线图看跌的 Gartley 形态

在一个走势上，经常会有几种不同类型的形态交替出现。所以读者可以自行研习，以恒生指数为例，如图 6-38 所示，当中有几个不同的形态交替出现。

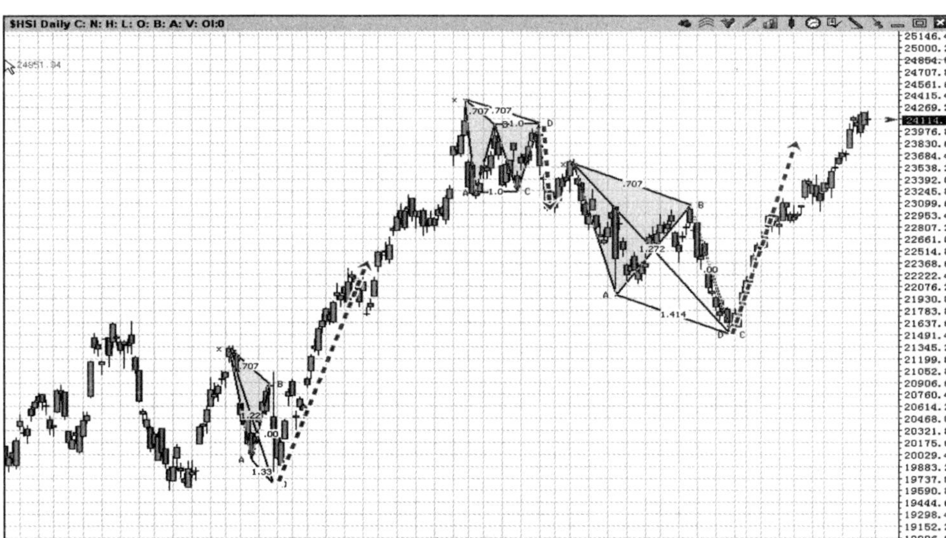

图 6-38 恒生指数在一个浪段中反复出现 Gartley 的形态

第七章

江恩操作法则

杰西·利弗莫尔说："投机游戏是世界上最迷人的游戏。但它不是给予愚蠢，懒惰，情感平衡，或者想一夜致富的人的。这些人最后会穷死。"

一、江恩交易方法

投机是一个看似简单，但实际并不简单的事业。在资产便宜的时候买入，贵的时候卖出。但是投机为何如此难获利？大部人连投机与投资都分不清。在证券市场中炒卖获利是投机，投机就是零和游戏，一个人获利对应另一个输钱，那为什么大多数买卖股票的人会输钱？因为庄家永远想尽办法对付散户投资者。而江恩认为散户输钱主要有以下三个原因：

(1)对于他们的资本来说，交易过度或买卖过于频繁。

(2)他们没有下止损单或限制他们的损失。

(3)对市场知之甚少，这是最重要的原因。

杰西·利弗莫尔(Jesse Livermore)曾说："华尔街上跟本没有什么新鲜事，今日，不管股市发生什么事，以前都发生过，将来也会再度发生。""投机者的死敌是：无知、贪婪、恐惧、希望。世界上所有的教科书，地球上所有交易所的规则都无法消除这些人性与生俱来的特点。"

大部分人都希望他们能投资或投机并从中获利，很多人梦想在投机市场一夜致富。大多数的人都是按小道消息、或他人的想法购买股票，而不是从自己的分析或对股票市场有具体知识。因此他们大部分决定都是错误的，又不能及时改正。最后，他们卖股票是因为害怕股价再跌，常常是在底部区域卖出，在错误的时间脱身。这就犯了两个错误：在错误的时间入市和在错误的时间出市。巴菲特说过："别人恐慌时贪婪，别人贪婪时恐慌"。很多人都以此作为投资的金玉良言，看似简单，但实际上却只有极少数人能做到。

想在股票市场中显露身手，所有人都必须认清投机和从事法律与医学行业一样，必须做足研究和准备。要获得有价值的信息，或判定股票的运行趋势，从金融市场上获利，没有什么能比研究股票过去走势有更好的方法了。我们只有通过对股市及商品过去的表现情况，来判断它未来的走势。只要选对正确的起点，我们就能预测将来，就会得到比任何道听途说的所谓"内部消息"更有价值的信息。

相信在信息发达的时代，读者很容易获得不同的消息。不分析评论，靠回想自己过去的交易单，根据市场评论操作的交易者永远不会在金融市场成功。一个聪明人不可能盲目地跟随他人，即使他们是正确的，因为当你自己也不知道这些建议是以什么为根据的时候，就不可能有信心，并依此进行操作。但当你有正确的方法，了解股票为什么要上涨或下跌的原因后，就能够满怀信心地操作并从中获利。

想要战胜市场，只有提高自己的交易优势(Trading Edge)。因为投机是零和游戏，当你在市场获利，就表示其他人有损失。这就是你为什么应当研究江恩理论及技术分析，并亲手绘制个股走势图以及平均指数走势图的原因。因为当你成功建立起正确的交易系统，得到时间的验证，将会大大提高你的交易优势。

我们必须认清自己，人总会受自己的情绪、周边的气氛及身边的言论影响。你必须了解你每次进行的交易有可能是错的，所以你必须知道怎样纠正错误。我们不要凭猜测行事，而应按确定的规则，按规则指引去进行交易，这会带给你更好的机会以取得成功。因为心态与自己生活环境及家庭背景有关，不是说要改变就能够实时改变的，但我们可以通过一些规则及铁律，去帮助自己减少因心态而作出错误的决定。

江恩在老年时候，总结了多年经验，写出 12 条交易规则。这些规则都是金玉良言，如果你仔细研究，必能从中获益。所以要熟读我上面教授的方法，如转势日及风险管理外，以及其后我介绍的江恩的12条交易规则。时间会过去，人的本性不会变，历史一再重复。

二、江恩12条规则

江恩创立的“江恩理论”令人啧啧称奇。然而当我们研读江恩理论时会发现，作为预测大师的江恩与市场高手的江恩，虽然是同一个人，但他却是清清楚楚、冷静异常地将自己的预测理论与实践操作分开的。许多人期望一旦掌握了江恩理论的那一把金钥匙，便可像江恩一样从此在股市中百战百胜。而这实在是一个误解。杰西·利弗莫尔曾说：“你可以赢得一场赛马，但你不会场场都获胜。你可以战胜一只股票，但你不可能永远打败华尔街，没有人可以做到。”分析对了与能否获利是两回事。在实际操作中，如何下注、筹码等将掌握生死。

大多数投资者的眼睛都盯着回报，想着他们能赚多少钱，但很少有人关注风险，想想他们可能亏多少。杰西·利弗莫尔曾说：“投机者的死敌是：无知、贪婪、恐惧、希望。”江恩深深明白此道理，在他老年时写下这12条买卖规则，只遵守自己建立的买卖规则，让预测服从买卖规则！预测正确、不违背其买卖规则，按照预测方向操作；预测不对时，他用买卖规则(例如止损单)或修正预测，或干脆认错退出。

江恩总结45年在华尔街投资买卖的实战经验，写成的12条买卖规则，重要性不言而喻。

规则1　分析趋势

趋势是投机者最可靠的朋友。投机最重要的一点是决定其趋势。要判断股票涨跌，我们必须分析大盘的走势或其他任何你要交易的股票群的平均指数，然后在股票群中挑选你要买卖的股票，并观察它的趋向指标是否与平均指数一致。

趋势是所有投机客的朋友。江恩大多用3日图(3-Day Chart)及平均指数9点转向图(9-Point Average Swing Chart)。3日图的意思是，将市场的波动，以3日的活动为记录的基础。如果连续3日、3

周、3 个月创新高，这表示牛市的情况会持续；但如果连续 3 日、3 周、3 个月创新高之后，有 1 日跌穿之前的阳线的收市价，这是很好的反转信号。图 7-1 是江恩经典的波段交易竹线图。

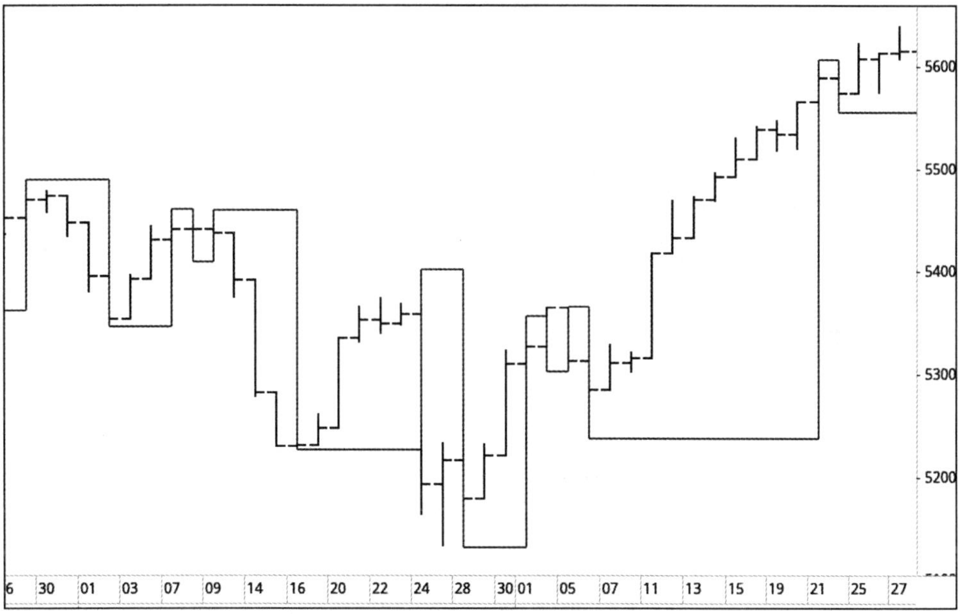

图 7-1　江恩波段交易

规则 2　在单底、双底和三重底买入

江恩指出当市场接近从前的底部、顶部或重要阻力水平时，根据单底，双底或三底形态入市买卖。意思是市场从前的底部或顶部都是重要的支撑、阻力位，当从前的顶部上破时，这个阻力成为支撑，当市价回落至该顶部水平或稍低于该水平，都是重要的买入时机。当市场到达从前的顶部，并出现单顶、双顶以至三顶，都是沽空的时机。此外，当市价下破从前的顶部，之后市价反弹回试该从前顶部的水平，都是沽空的时机。香港恒生指数多次在出现双顶的情况，后市开始大跌见底。如 2007 年大跌市及 2008 年金融海啸见底反弹，都是以双顶双底的情况开始。图 7-2 中描述 2015 年上证指数 11 月 25 日及 12 月 23 日以双顶走势回调，并在 2016 年初以双底走势反弹。

当平均指数或个股第三次到达同一位置时会出现三重顶或三重

图 7-2　上证指数双顶及双底

底。这通常是最安全的买卖位置，因为市场离开三重顶或三重底时会非常快。如果大盘平均指数或个股连续四次走高到达同一点位时，因为市场四次到顶而上破，或四次到底而下破的机会十分大。同时间，投资者必须谨记要下注前一定设下止损盘。止损盘一般根据双顶或三重顶幅度而设于这些顶部之上。

规则 3　按百分比买卖

江恩在总结他 45 年的经验时，再一次强调百分比的重要性。我们可以利用个股的百分比判断阻力位和买卖点。你可以使用 3%～5%、10%～12%、20%～25%、33%～37%、45%～50%、62%～67%、72%～78%以及 85%～87%这些百分比。

在众多个百分比之中，50%、100%以及 100%的倍数皆为市场重要的支撑或阻力水平。百分比是江恩理论中一个重要工具之一，而 50%更是百分比之中的重中之中。在从任何高位下跌到 50%的位置买入，或从任何低位反弹到 50%的位置卖出，只要这些下跌或反弹处于主要的趋势之中。而关于 50%的买卖策略可以参考前文。图 7-3 则是上证指数在 2009 年时一个下跌波段后反弹至 50%。

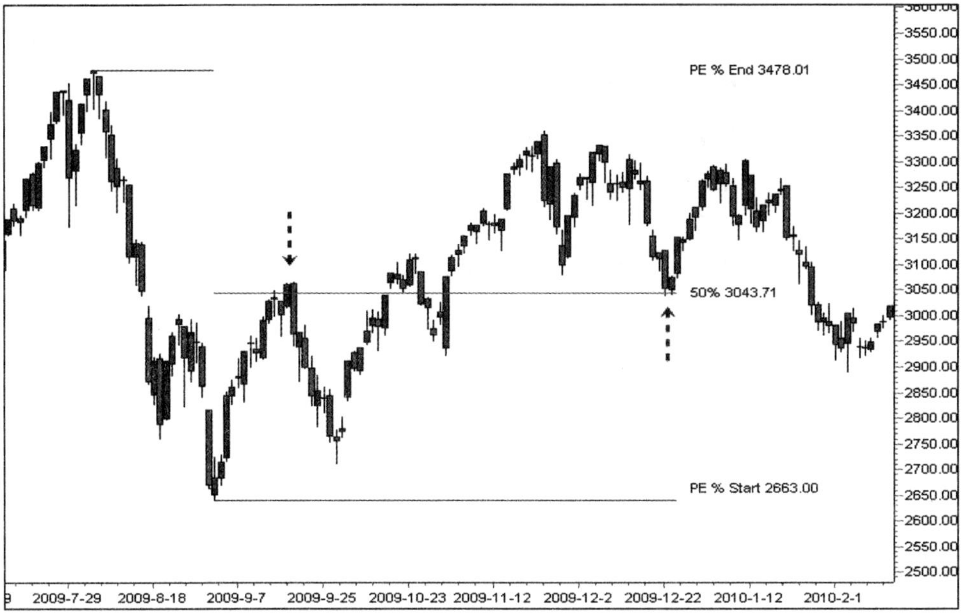

图 7-3　上证指数在 2009 年下跌波段后反弹至 50%

规则 4　按 3 周上涨或下跌买卖

江恩总结了 45 年的交易经验，得出了：

(1)当主要趋势向上时，可在牛市中为期 3 周的调整或下跌后买入，因为这是大牛市的平均调整时间。

(2)在熊市中，如果你知道趋势向下，可在大约为期 3 周的反弹后卖出。

当市场上涨或下跌 30 日，甚至更长后，下一个需要留心头部和底部的时间周期大约是 6～7 周，这将是一个买卖点。当然不要忘记根据这些阻力位设置止损单，以保护资金。如果市场反弹或下跌 45～49天以上，那么下一个时间周期大约是 60～65 天，这是熊市中反弹以及牛市中调整的最常见的平均时间。

规则 5　市场分段运动

股市是以波段方式运行，通常按 3～4 段或 3～4 浪运动。如果市场刚向上运行了第 1 段，永远不要认为它已经到达了最终的头部，因为如果这是一个真正的牛市，它会在到达头部前至少运行 3 段，而且很可能是 4 段。在熊市或下跌市中，当市场刚走完第一跌或第 1 段时千万不要认为市场已到达底部，因为在熊市过去以前，它会运行 3 段，甚至可能是 4 段。

艾略特波浪理论对此有很精致的描述，在一个上升的推动浪中有 5 个浪，而下跌分成 3 个浪。股价指数的上升和下跌将会交替进行，如第 1 浪上升之后，会出现第 2 浪下跌，略为调整后，再次爆发向上走第 3 浪等，如图 7-4 所示，与江恩指出股市是以波段式运行的理念极为相似。

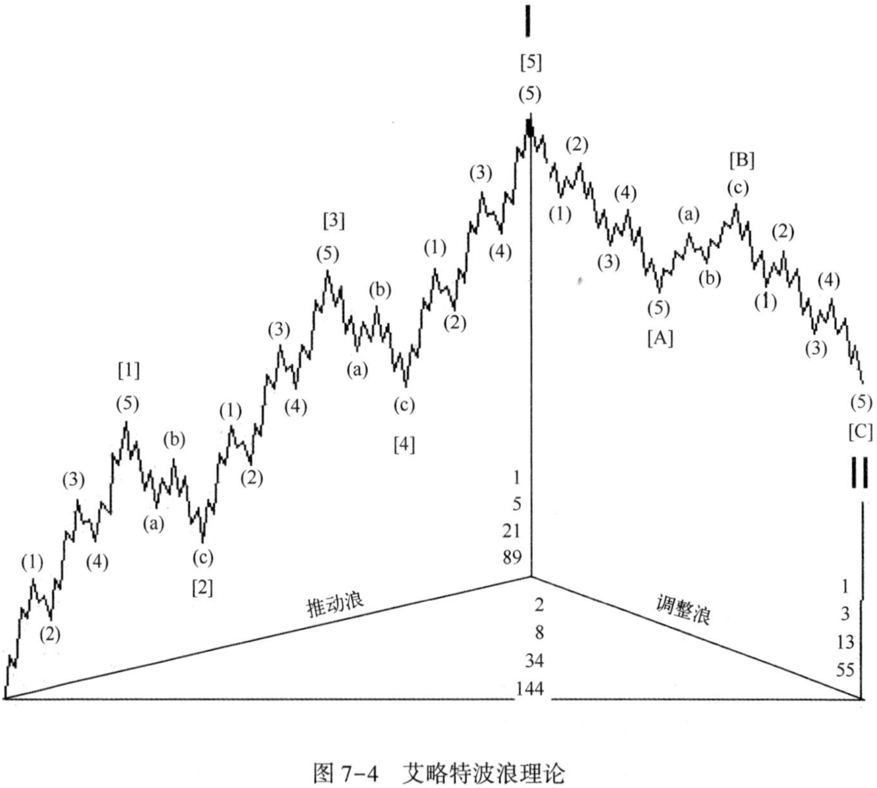

图 7-4 艾略特波浪理论

规则 6 按 5～7 点运动买卖

一般而言，江恩指出的是如果趋势是向上，指数或商品不会调整高于某一个百分比及数字，通常调整完后，势头仍然会向上。如果跌穿某一个百分比，通常是指原来的趋势已经完结。

江恩认为在个股调整 5～7 个点时买卖。当市场强势时，调整将是 5～7 个点，但最多不会超过 9～10 个点。

通过研究平均指数，你就会发现一次反弹或调整常常少于 10 个点。然而，对于一般的买卖位置，注意 10～12 个点的反弹或下跌非常重要。下一个需要密切注意的位置是，从任何重要的头部或底部开始的，18～21 个点的上涨或下跌。

规则 7　成交量

成交量也是重要的交易指标，我们必须研究以配合其他买卖规则一并应用。当市场接近顶部的时候，成交量经常大增，原因是当投资者蜂拥入市的时候，造成市场成交量大增，市场上的庄家会派货给大众投资者。而投机是零和游戏，市场上的庄家大多会在成交量逐渐缩减时买货。当庄家派货完毕后，也是市场见顶的时候。因此，大成交量经常伴着市场顶部出现。如图 7-5 所示，威科父曾发表对成交量及

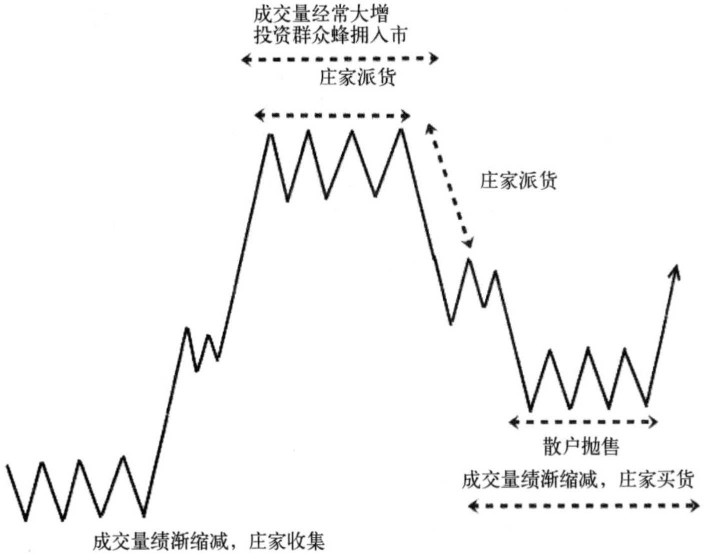

图 7-5　威科父对市场走势的描述

走势之后很好的描述。当市场一直下跌及成交量持续缩减的时候，则表示市场抛售力量已近尾声，投资者套现的活动已近完成，市价反弹也指日可待。

德国股神科斯托兰尼的著作《一个投机者的告白》中有一个著名的“科斯托兰尼鸡蛋理论”描述市场的生态。科斯托兰尼鸡蛋是股市循环的模型，他将股市中分为两种人：一是固执的买家，像是以巴菲特为首的投资者及以他自己为首的投机者。二是其他人被他称为随波逐流的玩家，通常是初入股市的散户新手，或是只知追逐一日行情的短线炒作者(Day Trader)。

科斯托兰尼

鸡蛋理论中特别注意到成交量及持有股票者的人数与种类，由于固执买家(大投资家与大投机家)在市场上很少见，大多数的人都是第二类的股票玩家，所以当股票下跌时，大多数玩家都会卖出股票，只有少数的固执的买家会买进。这时候成交量还很大，因为玩家还有股票可卖，所以当玩家都卖完出场后，成交量会开始萎缩，股票持有人数也在最低点，因为股票都在固执的买家手中。这时候就会量缩不跌，开始准备反转，只要市场一有好消息，由于固执买家不会低价卖出持股，所以玩家想要买进，价格就必然会上涨，一旦稍有上涨则会带动更多玩家型买家的加入，这时股价就会不断向上，成交量开始放大。因为已有部分先进场的玩家会开始忙碌地每日卖出买进带领更多玩家追逐，一直到超过该股票的价值许多。当玩家都拥有许多股票的时候，这时成交量在最高点，持有股票总人数也在最高点。渐渐地由于没有新玩家可以加入，成交量开始萎缩，这时聪明的大投机家带头卖出股票，疯狂的玩家将追逐着任何可得的坏消息一个接一个开始卖出股票。由于还没跌到投机家与投资家要买的价位，而且每个玩家都疯狂想要逃出，这时股价的崩跌就不可避免了。股价崩跌时成交量也会开始增加，股票持有人数也会开始下降跌到玩家都被洗出场，跌到下一次的循环再次开始。

如图 7-6 所示，“科斯托兰尼鸡蛋理论”将市场分为以下几个阶段，包括：

A1＝修正阶段(成交量小，股票持有人数量很少)。

A2＝相随阶段(成交量和股票持有人数量增加)。

A3＝过热阶段(成交量异常活跃，股票持有人数量大，在 X 点达到最高)。

B1＝修正阶段(成交量小，股票持有人数量逐渐减少)。

B2＝相随阶段(成交量增加，股票持有人数量继续减少)。

B3＝过热阶段(成交量很大，股票持有人数量少，在 Y 点达到最低)。

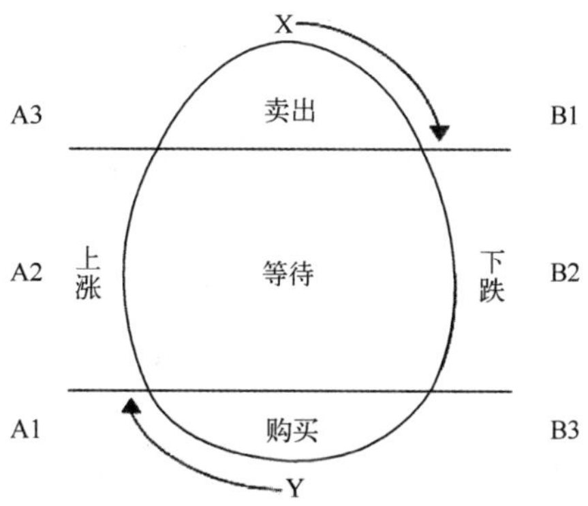

图 7-6　科斯托兰尼鸡蛋理论

规则 8　时间周期

江恩认为时间是最重要的一个因素，主因是时间可以超越价位平衡(Time Over Balance Price)。当时间到达，成交量将增加而推动价位的涨跌。

市场超越平衡（Market Over-Balanced)是江恩专有的术语，平均指数或个股在上涨或下跌了相当长的一段时间后，就会失去平衡，市场在上升的趋势中，每次调整的时间较之前一次调整的时间长，每次价位下跌的幅度较之前一次调整的幅度大的话，即意味着市场失去了平衡，而且转势即将发生。当市场在下跌的趋势中，若每次市场反弹的时间比上一次反弹时间时长，及价位一浪比一浪高，表示价位或空间已经失去了平衡(Over-Balanced)，转势已经出现。

时间的变化比价格的反转更加重要。当这些反转出现时，你可以应用所有的规则来验证转势是否必然发生。

股票市场指数和个股的趋势呈季节性的变化，这种趋势在不同的年份中不断变换，但是，了解重要的日期并仔细观察它们，你就可以通过应用其他所有的规则，迅速分析趋势中的某个变化。这些重要日期如下：

(1)1 月 7～10 日及 1 月 19～24 日。

(2)2 月 3～10 日及 2 月 20～25 日。

(3)3 月 20～27 日，有时甚至是主要的顶部或底部的出现。

(4)4 月 7～12 日及 4 月 20～25 日。

(5)5 月 3～10 及 5 月 21～28 日，5 月份是十分重要的转势月。

(6)6 月 10～15 日及 6 月 21～27 日。

(7)7 月 7～10 日及 7 月 21～27 日。

(8)8 月 5～8 日及 8 月 14～20 日。

(9)9 月 2～10 及 9 月 21～28 日，9 月是一年之中最重要的市场转势月份。

(10)10 月 7～14 日及 10 月 21～30 日，10 月也是十分重要的市场转势月份。

(11)11 月 5～10 及 11 月 20～30 日。

(12)12 月 3～10 及 12 月 15～24 日，圣诞节前后，是市场经常出现转势的时候。

在寻找转势的日期时，请注意市场是否已经离开最高价或最低价 7～12 日、18～21 日、28～31 日、42～49 日、57～65 日、85～92 日、112～120 日、150～157 日或 175～185 日，这些时间周期开始时的顶部和底部越重要，转势就越重要。

规则 9　在高低点上移时买入

市场的高低点依次上移时买入，即一浪高于一浪时买入，因为这表明主要的趋势向上。

同样，在市场的高低点依次下移时卖出，即一浪低于一浪时沽出，因为这表明主要的趋势向下。

同时，我们记住一点是时间周期永远是最重要的。我们要记下以前的头部至头部的时间长度，和以前的底部至底部的时间长度。而且还要注意市场从最低点至最高点的运动时间，以及从最高点至最低点的运动时间。如前面章节讲述的江恩周期理论的江恩工具——转势周及转势月中，提及我们记录低点至最高点的运动时间，其后找出其后转势的时间。如图 7-7 所示，利用恒生指数高点至低点的时间去找转势周。

规则 10　牛市中趋势的变化

江恩指出趋势的反转往往恰好发生在节日附近。下面的日期很重要，需要投资者重点关注：

(1)1 月 3 日(新年)；

(2)5 月 30 日(美国纪念日)；

(3)7 月 4 日(美国独立日)；

(4)9 月初(劳动日后)；

(5)10 月 10～14 日(哥伦布尔日)；

(6)11 月 25～30 日(感恩节)；

(7)12 月 24～28 日(圣诞节)。

在香港市场，因为节日不同所以会有不同的影响，例如复活节、清明节、重阳节及中秋节，经常都发生转势。

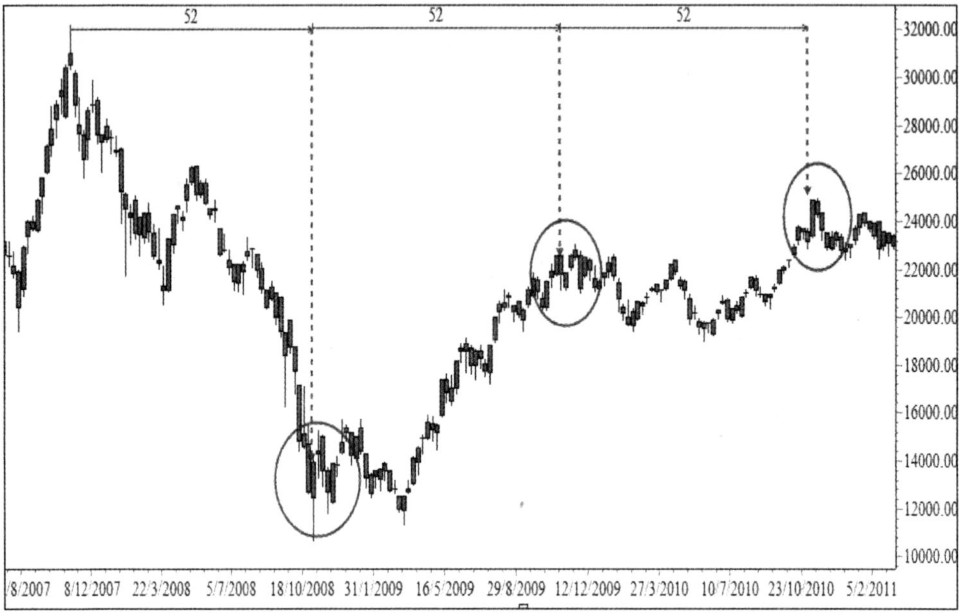

图 7-7 记下市场从最低点至最高点的运动时间

在低位，股价常常跌势减缓，并会在一个狭小的交易区间内运行一段时间，但如果它们穿过前一次反弹的最高点，那么对于趋势变化就十分重要。江恩也指出，留意市场是否正好离任何最高价或最低价相距 1 年、2 年、3 年、4 年或 5 年。回顾过去，看看市场离任何最低价的时间跨度是否是 15 个月、22 个月、34 个月、42 个月、48 个月或 49 个月，因为这些是监视趋势变化的重要时间周期。

规则 11 最安全的买卖点

人们总是希望在最低价买入股票，最高价沽出股票。江恩认为在确定的转势形成之后买股票总是最安全的。

大部分股票筑底后会有一波反弹，然后出现次级调整（Secondary Reaction），并在一个更高的底部获得支撑。如果它开始上涨，而且冲破第一次反弹的头部，就形成了最安全的买点，因为市场已经给出了升势的信号。止损位可以设置在第二个底的下方。

最安全的卖点是发生在市场经过长期的上涨，创出最后一个高价，并有了第一次快速回调后，反弹并形成第二个顶部，这个顶部的高度较低，随后市场从这个顶部开始下跌，并跌穿第一次下跌时的最低点，这是一个相对安全的卖点，因为它给出了主要趋势已经调头向下的信号。

恒生指数于2007年10月创出最后一个高价31958点之后，有第一次快速回调，之后反弹并形成第二个顶部，但这个29889点的次级顶部比上一次低，随后市场从这个顶部开始下跌，并跌穿第一次下跌时的最低点，这是一个相对安全的卖点。因为它给出了主要趋势已经调头向下的信号。

江恩认为只要趋势向上，股价永远不会高得不能买。同样地而只要趋势向下，股价也永远不会低得不能沽出及止损。同时必须永远用止损单保护你的资金，永远要顺势而为。

规则12　快速运动中的利润

江恩认为，若市场每日平均上升或下跌两点，则市价平均每日上升或下跌一点时，则说明市场已远离正常的轨道，市势不会维持过久。这类的市场速度通常发生于升市中的短暂调整，或者是下跌市中的反弹。用现在的技术分析来说，若市场在短促的时间大幅下跌或上涨，市场会发生超买及超卖的技术性反弹或调整。

总结：这12条规则，是江恩先生长达45年的探索与实践。江恩写下这12条规则并说："希望在股票市场上取得成功，你就必须花大量的时间进行学习，因为你花的时间越多，得到的知识也就越多，今后获得的利润也就越多。对这些规则长达45年的探索与实践，已经向我证明你成功的必要条件是什么。你必须学习这些规则，适时运用，并付诸实施。"

三、江恩24条永恒的规则

江恩在《江恩选股方略》一书中，提及了24条永远不变的规则，这是他本人探索与实践经验所得。

1. 所用资本的数量：把自己的资金分成10等分，将任何一次交易的风险控制在资金总额的1/10以内。

2. 下止损单：进行交易时，一定要在距离交易价位3～5个点的点位上设置止损单。

3. 不要过度交易：过度交易就会违反上述有关资本量的规则。

4. 不要把利润变成损失：一旦所获得利润达到或者超过3个点，就要提高止损位置，这样就不会蚀本。

5. 不要逆势而动：如果根据自己的行情变化图判断不出走势的话，既不要买进也不要卖出。

6. 心存疑问就及时退出：更不能在心存疑问时进场交易。

7. 仅对活跃的个股进行交易：对于变化缓慢甚至根本没有变化的个股，要退避三舍。

8. 平均分摊风险：如有可能同时做4～5只个股，不要把所有资本投在任何一只个股上。

9. 不要限制委托条件或固定买卖价格：要用市价委托。

10. 不要毫无缘由地平仓：采用止损单来保护既得利润，然后跟进。

11. 累积盈余：连续交易几次成功之后，就要把一部分钱放入一个盈余账户，以备急需或者用做股灾时的应变。

12. 不要仅为了获得分红而买进。

13. 不要平摊亏损：这是交易者可能会犯的最大的错误。

14. 不要失去耐心：永远不要失去耐心而出市，也不要因为急不可耐而入市。

15. 不要为贪图小利而吃大亏。

16. 如果交易时设置了止损单，就不要撤销单。

17. 不要过于频繁进出市场。

18. 愿意卖的同时也要愿意买，让你的目的与趋势保持一致，并从中获利。

19. 永远不要因为股价低而买入，或因为股价高而卖出。

20. 注意不要在错误的时候进行金字塔交易：要等股票活跃并冲破阻力位，再加码买入，等股票跌破主力派发区后，再加码卖出。

21. 挑选小盘股做多，挑选大盘放空。

22. 永不对冲：如果你做多一只股票，而它开始下跌，就不要卖出另一股票来补仓，你应当离场认赔，并等待另一个机会。

23. 不要毫无缘由地改变自己在市场中的多空位置：进行交易时，必须有某利好的理由或依照既定的计划，不要在市场出现明确转势之前离场。

24. 不要在长期的成功和盈利之后扩大交易规模。

第八章

江恩软件使用教学示例

江恩曾说：“只要找到一个正确的起点，就有正确的结果。”

学习江恩理论，最困难的是，市面上大部分软件都没有江恩软件的绘图工具，而国外的江恩软件也以万元计算每年的使用费。

国外江恩理论的支持者设计了一款免费软件名为Gannalyst Professional，本书大部分也以此软件为主要绘图工具，有位国内的热心网友将它汉化成中文版，方便大家使用，界面如图8-1所示。

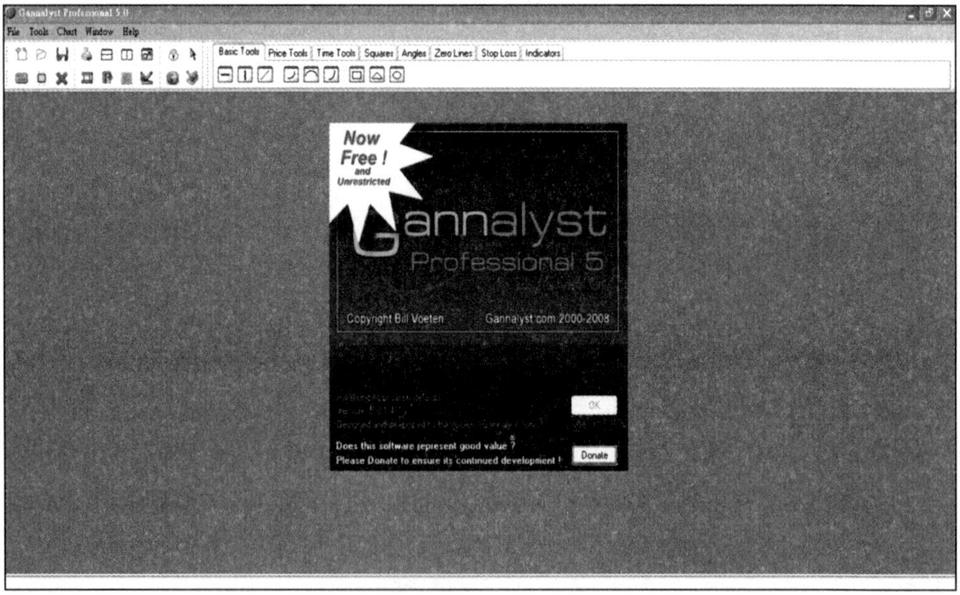

图8-1 Gannalyst Professional 软件

本软件最好的是可以自行汇入各国指数及股票数据，包括可以自行汇入 CSV 格式的数据及 Metastock 的数据。本书已在各章节中介绍了该软件的功能及工具的使用方法，本章节只会集中介绍此软件如何免费在通达信软件行情下的数据使用方法，即 CSV 格式的数据，并汇入 Gannalyst Professional 中绘制江恩图。

下载地址：

http：//www. goodgupiao. com/soft/softdown. asp? softid=22909

http：//pan. baidu. com/s/1bp×h73p

下载后先将文件解压，之后将主程序安装，如图 8-2 所示。

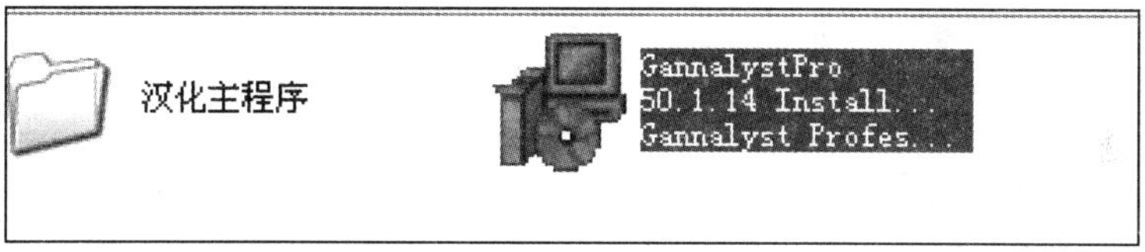

图 8-2　主程序安装

找出你的安装路径，一般来说是在 C：\ Program Files \ Gannalyst Professional 5. 0 中，将之前汉化主程序的档案覆盖及取代。如图 8-3 和图 8-4 所示。

如图 8-5 所示，在 \ Gannalyst Professional 5. 0 \ images 里，在 images 这个文件夹中找到 GannalystPro5. 0. exe 这个档案必须将它删除。

之后汉化的 Gannalyst Professional 5. 0 就能运作，如图 8-6 所示。

那如何汇入数据？我们必须借助通达信来导出数据，之后再汇入到 Gannalyst Professional 5. 0 中进行运算。

首先打开通达信，打开之后选免费精选行情登录，再按登录键，如图 8-7 所示。

第一次登录，最好先进行一次盘后数据下载，先选系统>盘后数据下载，如图 8-8 所示。

之后选取你需要的品种，再选日线和实时行情数据，选择下载数据的时段，如图 8-9 所示。

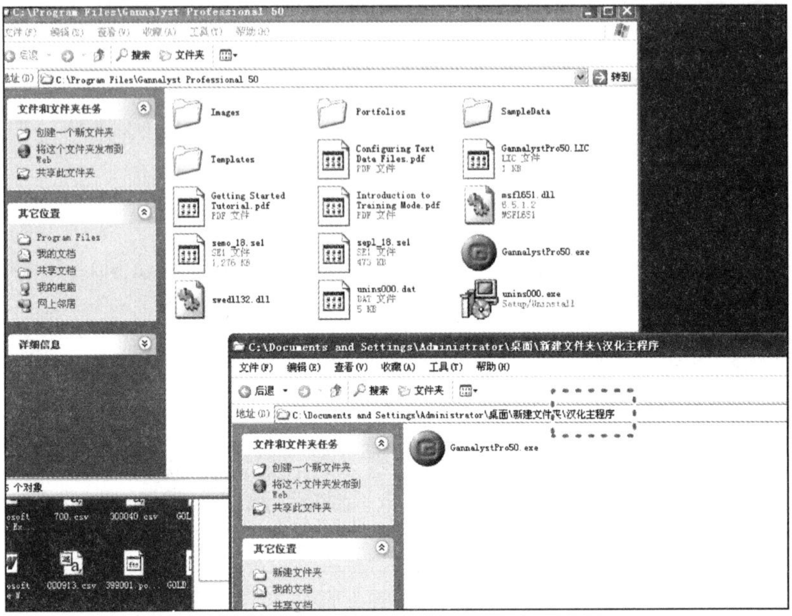

图 8-3 汉化主程序

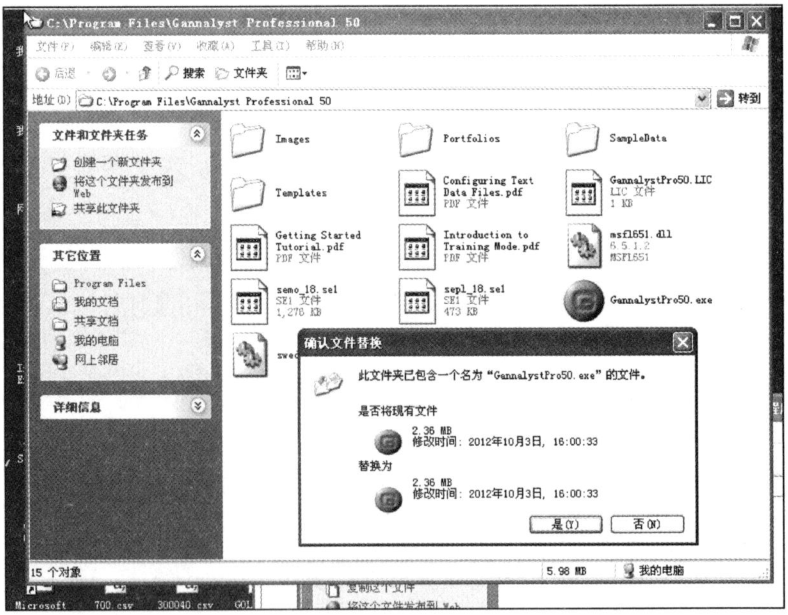

图 8-4 汉化主程序的档案覆盖及取代原来程序

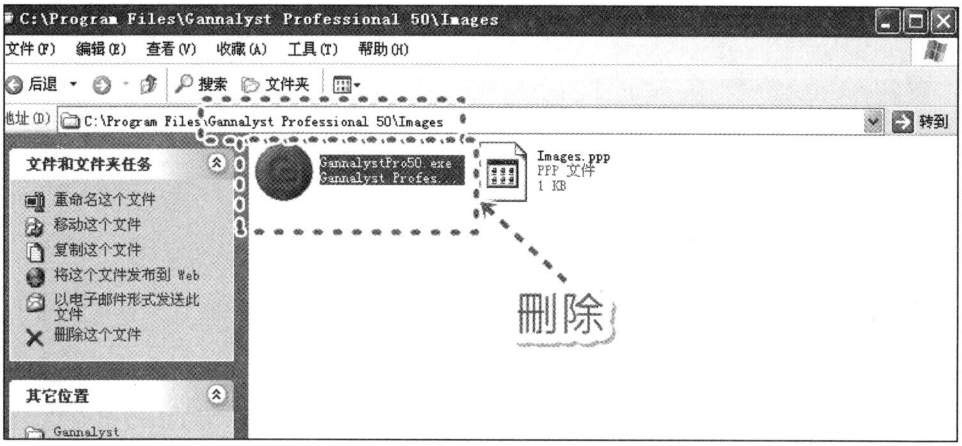

图 8-5　删除 GannalystPro 5.0 exe

图 8-6　Gannalyst Professional 5.0 主程序画面

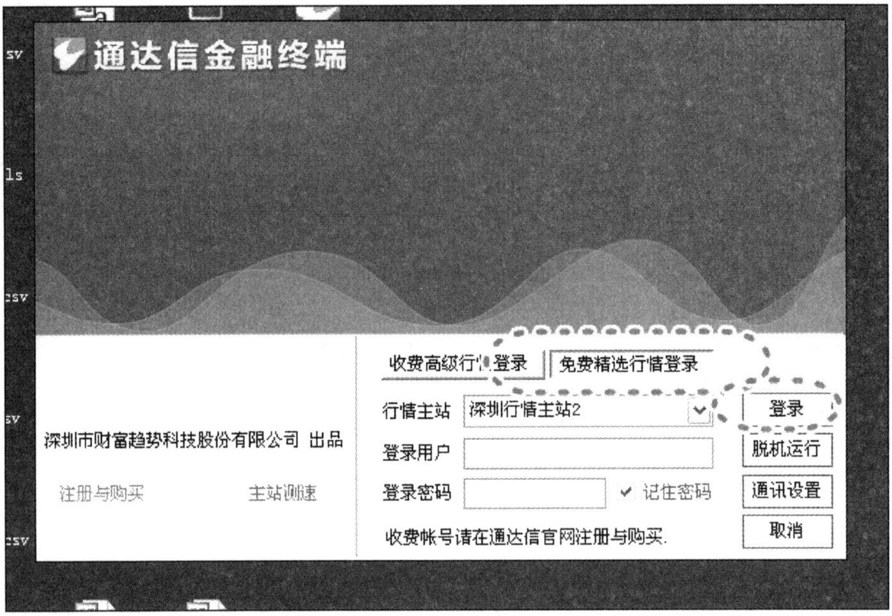

图 8-7 通达信选免费精选行情登录

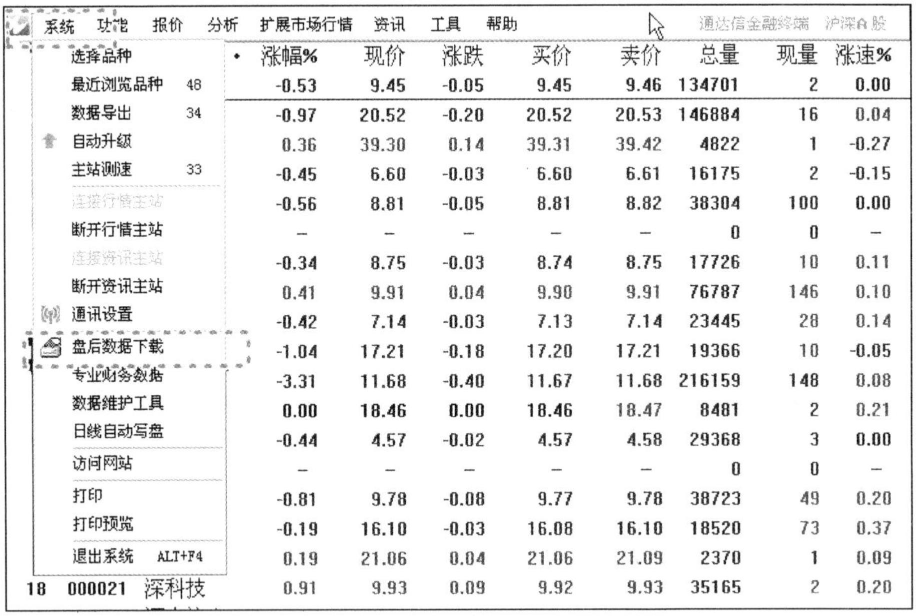

图 8-8 盘后数据下载

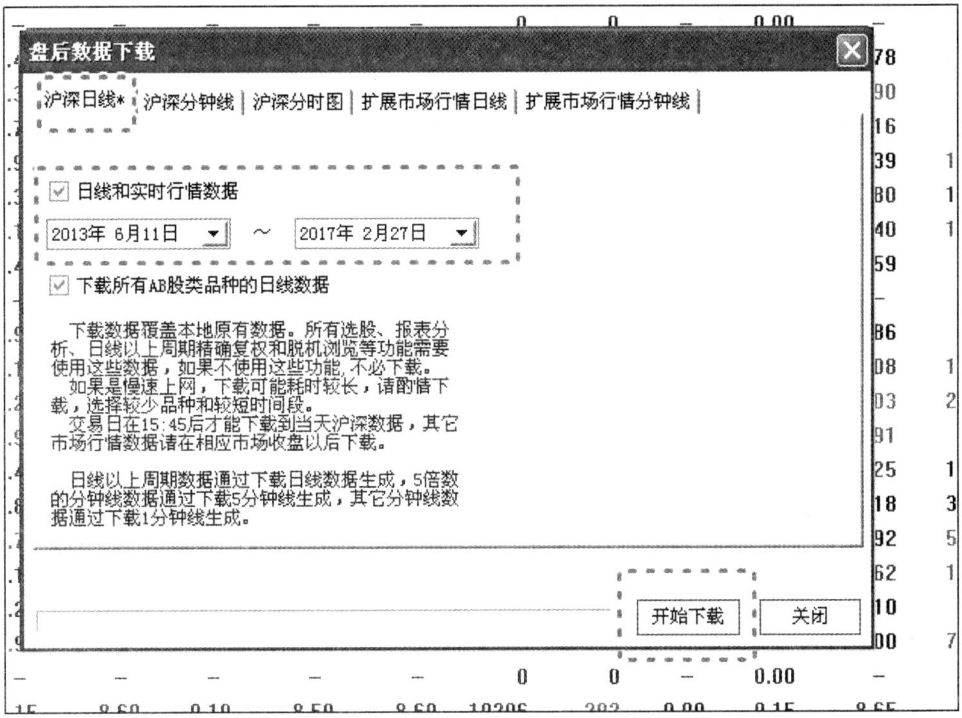

图 8-9　选取你需要的品种及下载数据的时段

如图 8-10 所示，在系统中，选择数据导出。

如图 8-11 所示，在图中的位置再选高级导出。

如图 8-12 所示，在高级导出的版面中，选添加品种，之后选你需要的品种。

如图 8-13 所示，按开始导出就可以了。

如图 8-14 所示，成功导出后会自动弹出导出的数据的路径，之后按鼠标右键，点“打开方式”中的 Microsoft Office Excel 打开文件。

如图 8-15 所示，将前两行的中文字全部删除及成交额中的所有数据全部删除。

之后将 E 行(即原本收盘价的数据)全部选取，并复制到 G 行，如图 8-16 所示。

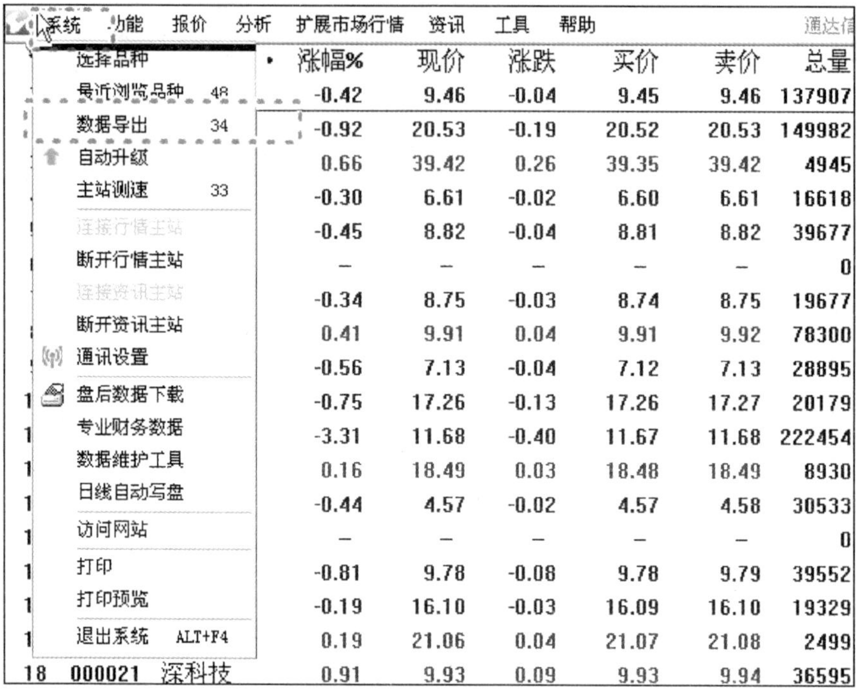

图 8-10　数据导出

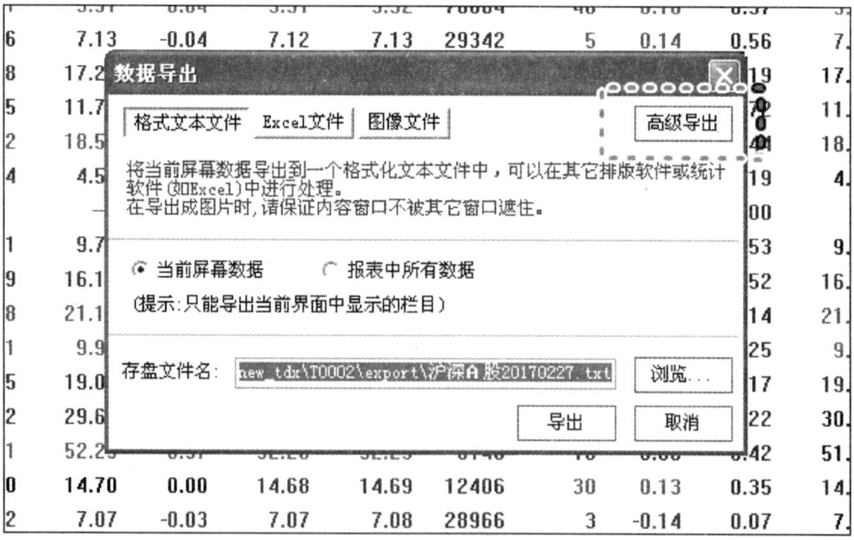

图 8-11　高级导出

图 8-12　选取需要的品种

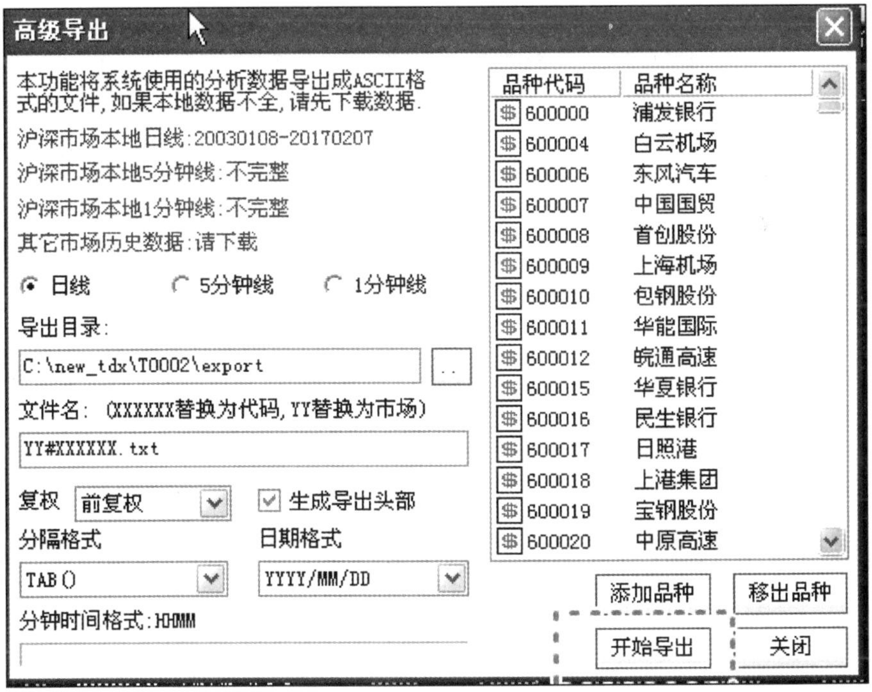

图 8-13　导出资料

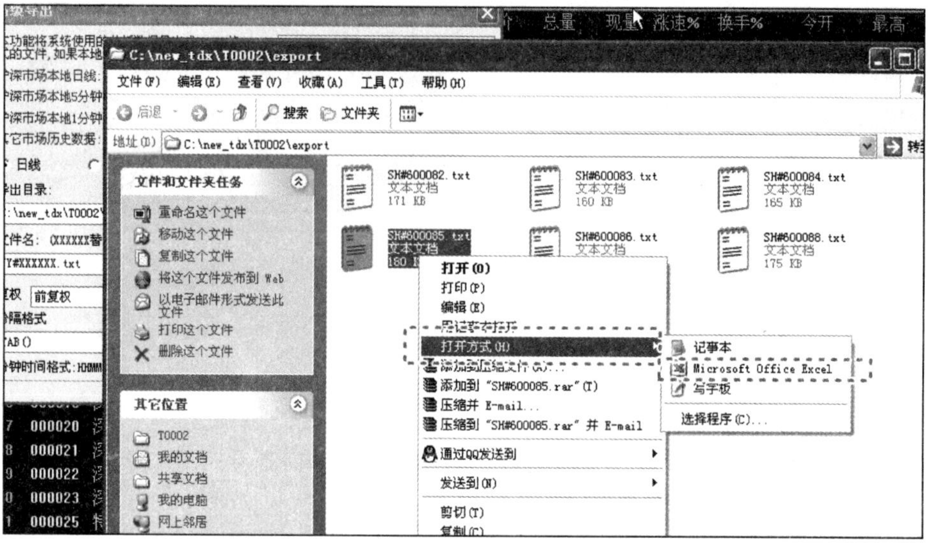

图 8-14　用 Microsoft Office Excel 打开文件

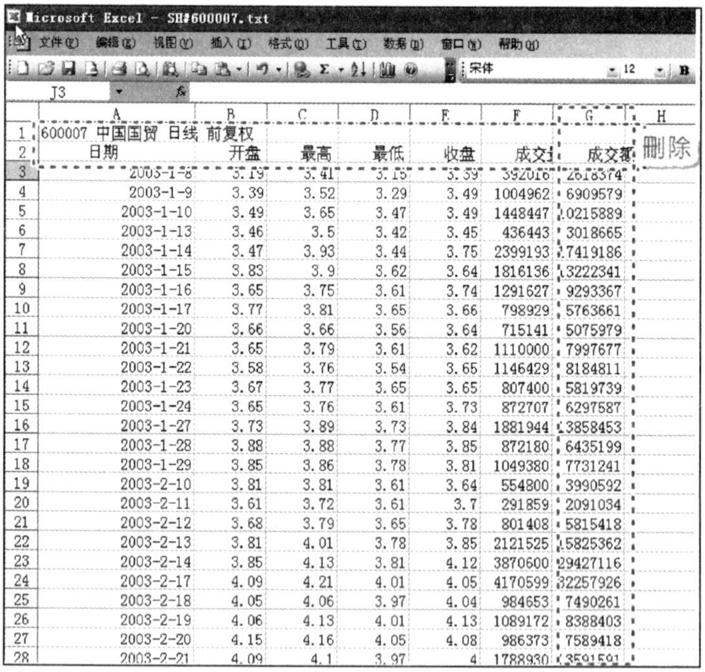

	A	B	C	D	E	F	G	H
1	600007 中国国贸 日线 前复权							
2	日期	开盘	最高	最低	收盘	成交量	成交额	
3	2003-1-8	3.19	3.41	3.15	3.39	392016	2618374	
4	2003-1-9	3.39	3.52	3.29	3.49	1004962	6909579	
5	2003-1-10	3.49	3.65	3.47	3.49	1448447	0215889	
6	2003-1-13	3.46	3.5	3.42	3.45	436443	3018665	
7	2003-1-14	3.47	3.93	3.44	3.75	2399193	7419186	
8	2003-1-15	3.83	3.9	3.62	3.64	1816136	3222341	
9	2003-1-16	3.65	3.75	3.61	3.74	1291627	9293367	
10	2003-1-17	3.77	3.81	3.65	3.66	798929	5763661	
11	2003-1-20	3.66	3.66	3.56	3.64	715141	5075979	
12	2003-1-21	3.65	3.79	3.61	3.62	1110000	7997677	
13	2003-1-22	3.58	3.76	3.54	3.65	1146429	8184811	
14	2003-1-23	3.67	3.77	3.65	3.65	807400	5819739	
15	2003-1-24	3.65	3.76	3.61	3.73	872707	6297587	
16	2003-1-27	3.73	3.89	3.73	3.84	1881944	3858453	
17	2003-1-28	3.88	3.88	3.77	3.85	872180	6435199	
18	2003-1-29	3.85	3.86	3.78	3.81	1049380	7731241	
19	2003-2-10	3.81	3.81	3.61	3.64	554800	3990592	
20	2003-2-11	3.61	3.72	3.61	3.7	291859	2091034	
21	2003-2-12	3.68	3.79	3.65	3.78	801408	5815418	
22	2003-2-13	3.81	4.01	3.78	3.85	2121525	5825362	
23	2003-2-14	3.85	4.13	3.81	4.12	3870600	29427116	
24	2003-2-17	4.09	4.21	4.01	4.05	4170599	32257926	
25	2003-2-18	4.05	4.06	3.97	4.04	984653	7490261	
26	2003-2-19	4.06	4.13	4.01	4.13	1089172	8388403	
27	2003-2-20	4.15	4.16	4.05	4.08	986373	7589418	
28	2003-2-21	4.09	4.1	3.97	4	1788930	3591591	

图 8-15　全部删除前两行的中文字及成交量中的所有数据

A	B	C	D	E	F	G	H
2003-1-8	3.19	3.41	3.15	3.39	392016	3.39	
2003-1-9	3.39	3.52	3.29	3.49	1004962	3.49	
2003-1-10	3.49	3.65	3.47	3.49	1448447	3.49	
2003-1-13	3.46	3.5	3.42	3.45	436443	3.45	
2003-1-14	3.47	3.93	3.44	3.75	2399193	3.75	
2003-1-15	3.83	3.9	3.62	[illegible]	[illegible]	3.64	
2003-1-16	3.65	3.75	3.61	[illegible]	[illegible]	3.74	
2003-1-17	3.77	3.81	3.65	3.66	798929	3.66	
2003-1-20	3.66	3.66	3.56	3.64	[illegible]	3.64	
2003-1-21	3.65	3.79	3.61	3.62	1110000	3.62	
2003-1-22	3.58	3.76	3.54	3.65	1146429	3.65	
2003-1-23	3.67	3.77	3.65	3.65	807400	3.65	
2003-1-24	3.65	3.76	3.61	3.73	872707	3.73	
2003-1-27	3.73	3.89	3.73	3.84	1881944	3.84	
2003-1-28	3.88	3.88	3.77	3.85	872180	3.85	
2003-1-29	3.85	3.86	3.78	3.81	1049380	3.81	

复制到

图 8-16　将收盘价的数据复制到 G 行

如图 8-17 所示，把文件拉到最后一行，见数据来源：通达信，并将此行删除。

3345	2016-12-29	17.34	17.38	17.14	17.33	2672682	17.33
3346	2016-12-30	17.29	17.44	17.09	17.27	2076854	17.27
3347	2017-1-3	17.29	17.47	17.29	17.43	2445700	17.43
3348	2017-1-4	17.43	17.75	17.28	17.67	3403982	17.67
3349	2017-1-5	17.58	17.58	17.28	17.42	3278832	17.42
3350	2017-1-6	17.38	17.85	17.25	17.71	3721131	17.71
3351	2017-1-9	17.71	17.9	17.56	17.72	2020402	17.72
3352	2017-1-10	17.7	18.2	17.49	17.92	4050763	17.92
3353	2017-1-11	17.82	18.09	17.68	17.85	2311722	17.85
3354	2017-1-12	17.85	17.88	17.62	17.69	1285600	17.69
3355	2017-1-13	17.53	18.1	17.25	18.06	2485889	18.06
3356	2017-1-16	17.9	18.51	17.73	18.33	7391746	18.33
3357	2017-1-17	18.33	18.33	17.95	18.21	1614800	18.21
3358	2017-1-18	18.17	18.54	18.07	18.22	1573154	18.22
3359	2017-1-19	18.21	18.4	17.94	17.94	1502305	17.94
3360	2017-1-20	17.95	18.15	17.9	18.04	1967387	18.04
3361	2017-1-23	18.04	18.36	18.04	18.13	710339	18.13
3362	2017-1-24	18.26	18.26	18	18.14	865834	18.14
3363	2017-1-25	18.14	18.22	18.05	18.17	811964	18.17
3364	2017-1-26	18.16	18.24	18.11	18.19	839270	18.19
3365	2017-2-3	18.19	18.25	18.1	18.2	617323	18.2
3366	2017-2-6	18.2	18.36	18.18	18.28	1215203	18.28
3367	2017-2-7	18.25	18.3	18.1	18.13	967478	18.13
3368	2017-2-27	19.64	19.64	19.64	[illegible]	0	19.64
3369	数据来源:通达信						
3370							

删除

图 8-17　删除“数据来源：通达信”

如图 8-18 所示，最后把档案以 CSV 格式，存放到易找到的路径便可。

图 8-18　存档格式为 CSV

在第一次汇入该股票前，我们必须先配置 CSV 文件，步骤另存 CSV 档案后，在 Gannalyst Professional 5.0 中按“新建组合”，并于“CSV 数据”中点“配置 CSV 文件”，如图 8-19 所示。

如图 8-20 所示，在“配置 CSV 数据文件模版”中点选之前的档案，之后再按 Next。

如图 8-21 所示，顺序将 Date、Open、High、Low、Close Volume、Open interest 等点选择键，其后再按 Next。

如图 8-22 所示，选择 CSV 档中的日期格式，如图中的格或为 2003-1-8，那就应该选 YYYY-MM-DD，之后按“检测读取数据”，及 Save Format。

如图 8-23 所示，再一次按“新建组合”，之后选取你储存 CSV 格式的路径，之后选取“CSV 数据”，再选取你需要的档案。就完成了整个汇入程序。

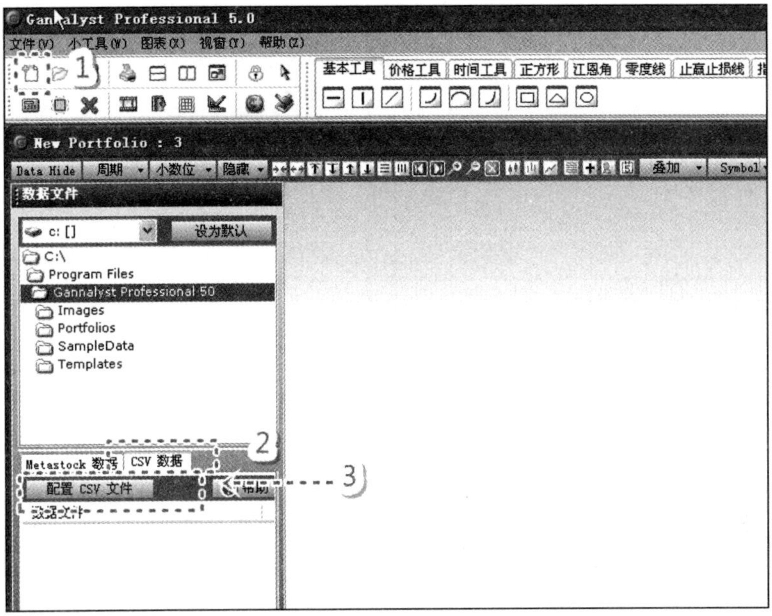

图 8-19　配置 CSV 文件

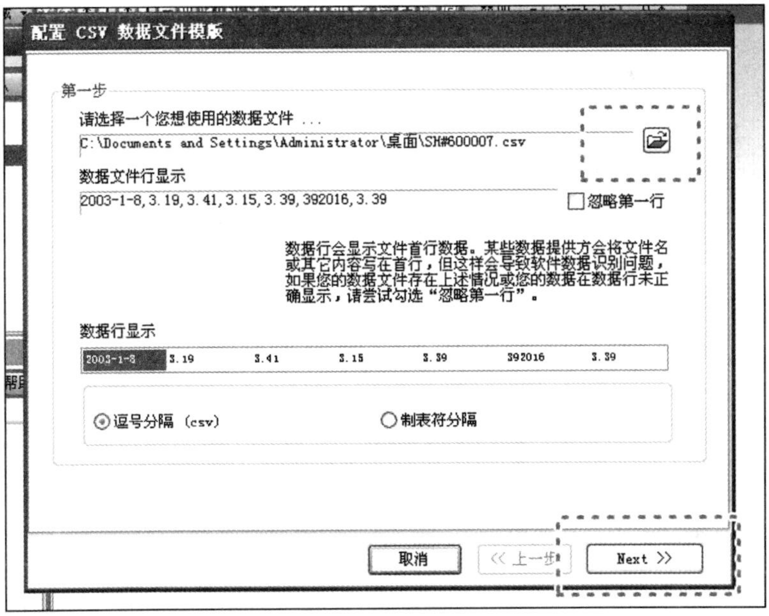

图 8-20　配置 CSV 数据文件模版

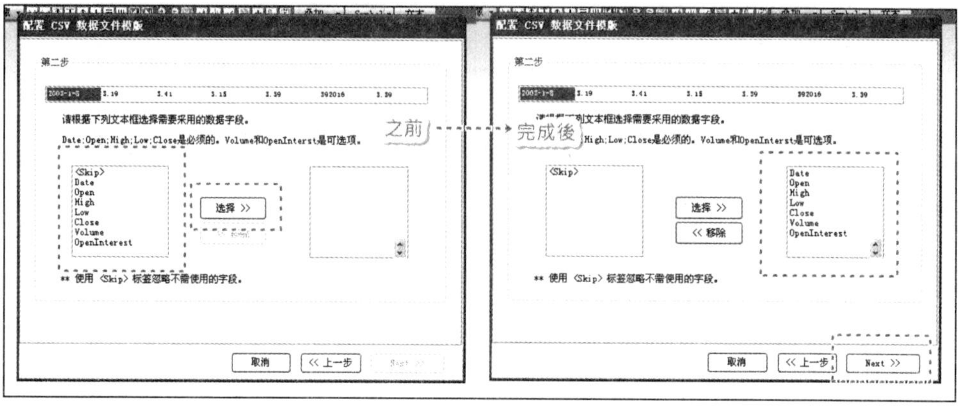

图 8-21　选择 Date、Open、High、Low、Close Volume、Open interest

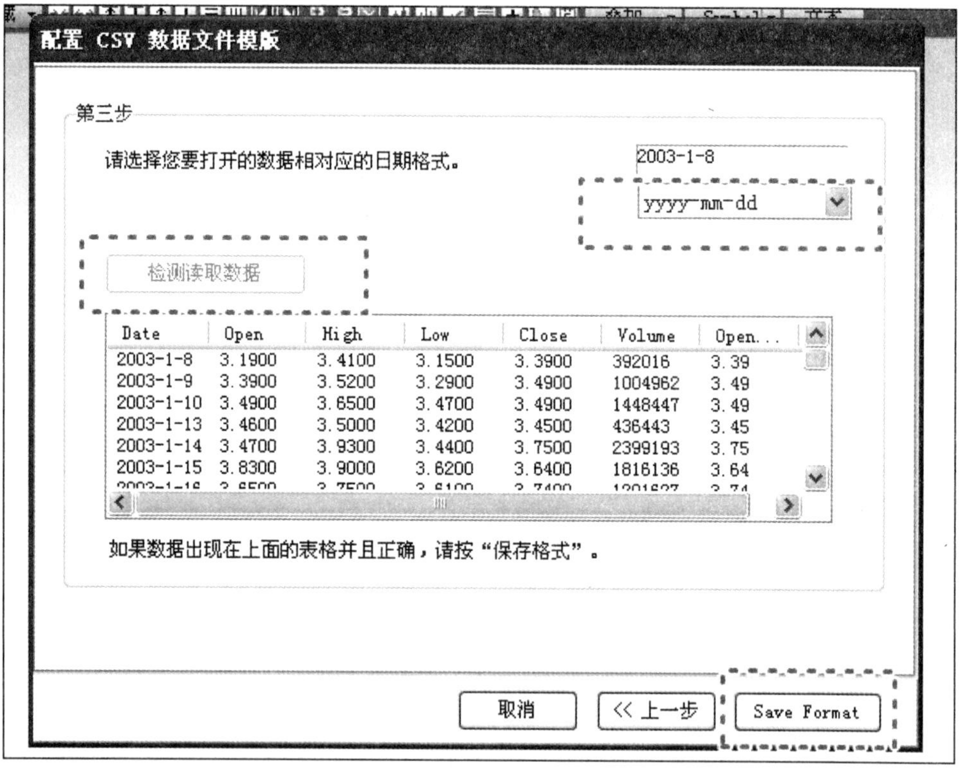

图 8-22　选择 CSV 档中的日期格式

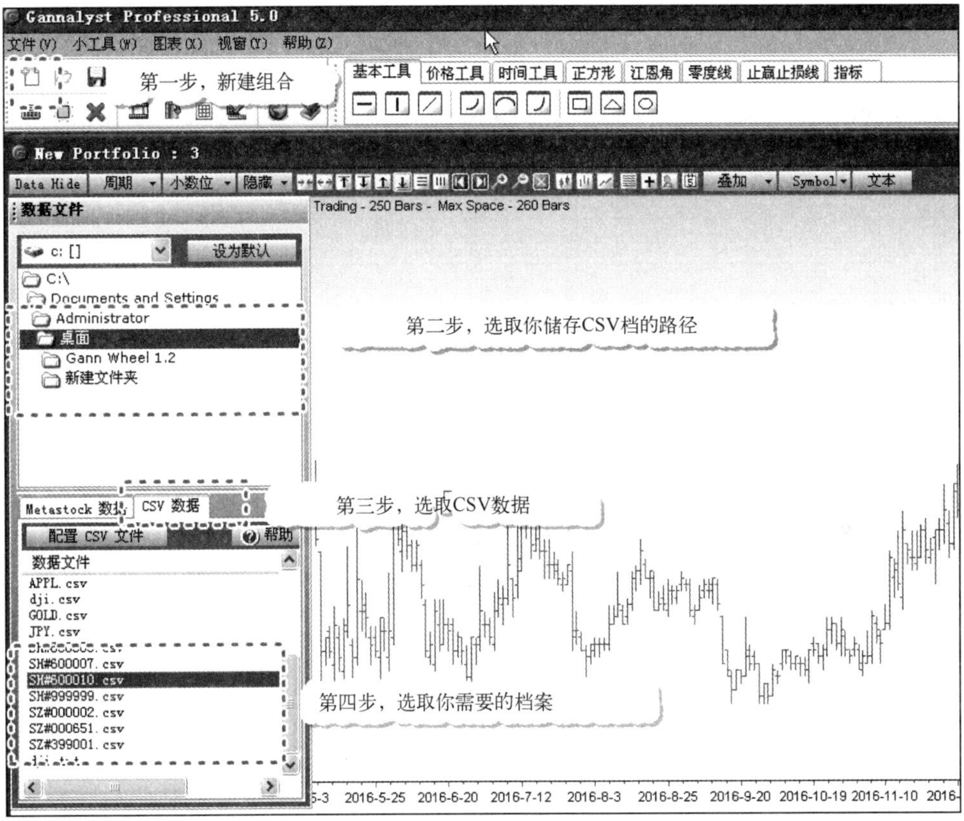

图 8-23　选取需要的档案